오전을 사는 이에게
오후도 미래다

오전을 사는 이에게 오후도 미래다

개정판 1쇄 발행 2025년 2월 17일
    2쇄 발행 2025년 9월 17일

지은이 이국환
펴낸이 강수걸
편집 강나래 이선화 이소영 오해은 이혜정 한수예 유정의
디자인 권문경 조은비
펴낸곳 산지니
등록 2005년 2월 7일 제333-3370000251002005000001호
주소 부산시 해운대구 수영강변대로 140 BCC 626호
전화 051-504-7070 | 팩스 051-507-7543
홈페이지 www.sanzinibook.com
전자우편 sanzini@sanzinibook.com
블로그 http://sanzinibook.tistory.com

ISBN 979-11-6861-416-1 03810

* 책값은 뒤표지에 있습니다.
* 잘못 만들어진 책은 구입처에서 교환해드립니다.

오전을 사는 이에게
오후도 미래다

삶을 버티게 하는 가치들
이국환 에세이

산지니

"사는 게 대체 무슨 의미가 있죠?"
"열심히 살아도 늘 불안하고 고통스러워요."
"행복해질 거란 기대가 없어요."

○

살면서 어쩔 수 없이 마주해야 하는 불안, 고통, 슬픔.
지치고, 지겨운 삶 속에서도
견뎌야 하는 이유, 살아야 하는 이유는 무엇일까.
거친 현실이 우리를 잠식할지라도,
삶을 지키고 나를 지키게 하는 것들에 대하여.

○

"불안하지 않은 삶은 이미 죽은 삶이다"

개정판 서문

 책연(冊緣)이란 말을 좋아한다. 스무 살을 갓 넘긴 시절, 한 권의 책을 함께 사랑한 인연으로 지금의 아내를 만났다. 책연이 없었다면, 내 인생은 지금과 같지 않았을 듯하다. 여전히 나는, 책만큼 사람과 사람을 곡진하게 이어주는 매체는 드물다 여긴다.

 2019년 『오전을 사는 이에게 오후도 미래다』를 출간할 때 큰 용기가 필요했다. 말을 많이 한 날은, 나는 잠들 무렵 노심초사한다. 오늘 하루, 쓸데없이 늘어놓은 말에 누군가 상처 받지 않았는지, 내 말이 현명했는지, 정돈되지 않은 생각이 섣부르게 발화되지 않았는지 번민한다. 그 연유로 사람을 잘 만나지 못할 만큼 예민한 편이다. 하물며 한 번 출간하면 거두어들일 수 없는 책에 너무 많은 언어를 쏟아냈으니, 책이 서점에 나왔다는 소식을 듣고 한동안 잠을 이룰 수 없었다.

 시간이 흐르고, 누가 이런 책을 읽어줄까 싶은 초조한 마음이 잦아들 무렵, 신문 기사에 내 책이 소개되기 시작했다. 그해 12월 국립중앙도서관 사서 추천도서로 선정되며 방송을 타기 시작했고, 이듬해 내가 사는 부산에서 시민이 뽑은 올해의 책으로 선정되어 공공도서관과 학교를 중심으로 활발히 소개되었다. 얼떨떨한 경험이었다. 이후 저자 초청이 이어졌다. 요청은 직장인인 내가 감당하기 어려울 정도로 많았다. 방송 출연은 대부분 고사하고 독자를 직접 만나는 자리는 되도록 응했다. 내 책을 읽은 독자들이 어떤 반응을 보일지 궁금했다. 독서가 저자의 집에 머물다 자신의 집을 지어 떠나는 행위라면, 독자를 만나는 일은 내 사유와 언어의 집에 독자와 함께 머무는 행복한 경험이었다.

강원도 강릉부터 인천, 홍성, 전주, 통영, 제주까지, 열거하기 힘들 만큼 평생 가본 적 없는 지역들을 방문했고, 그곳에서 많은 독자와 책연을 맺었다. 여러 지역의 공공도서관과 교육청의 추천도서로 선정되어 주위에서 '도서관과 학교가 사랑하는 책'이라는 농담을 듣기도 했고, 튀르키예, 베트남, 말레시이아 등 외국 번역 소식도 들었다. 소수의 독자라도 좋으니 꾸준히 읽히는 글을 쓰고 싶었는데, 출간한 지 오래 되어도 아직 책이 판매되고 있다는 소식에 다행이라 여겼다. 출판사로부터 5년 만에 개정판을 내자는 제의를 받았다. 책의 가치는 세월이 흐른다 하여 바래지 않는다. 내가 헌책방을 여전히 사랑하는 이유다. 개정판

제의에 기존 원고를 찬찬히 살피기 시작했다. 간혹 수정하고 싶은 내용이나 구절이 있었지만, 오류가 없다면 기존 원고는 그대로 두는 것이, 이 책을 읽은 독자에게 예의라 생각했다. 그동안 쓴 글 중에 이 책의 성격에 맞는 글 몇 편을 추가로 넣었다.

읽히지 않는 책을 모아둔다면, 그곳은 도서관이 아니라 책의 무덤일 것이다. 독자가 읽어주지 않으면, 책은 저자의 외로운 독백에 불과하며 무덤 밖으로 나올 수 없다. 읽을 가치가 충분한 책들이 1쇄를 넘기지 못하고 절판되는 사례를 너무 많이 보았다. 이 책은 이미 넘치는 사랑을 받았다. 그 남분함을 알기에 개정판을 내며 염치없다는 생각도 든다. 다만, 이 책의 부제이기도 한, '삶을 버티게 하는 가치들'은 세월이 흘러도 그 의미가 소멸되지 않기에, 새로운 책연을 기다리며 개정판을 출간하기로 했다.

2024년 가을, 낙동강 일몰이 아름다운 연구실에서

여는 글

글쓰기는 나를 만나는 시간이다. 사람들과 어울려 글을 쓰는 사람은 없다. 일고일문(一孤一文), 한 번 고독할 때마다 하나의 문장이 나온다. 그 문장을 빚어내고자 내 일상과 마음에 방을 만들고, 그 방에서 고요히 사유를 가다듬는다. 아무리 힘든 날도, 그 방에 들어서면 그곳에 나와 내 안의 나, 두 사람만이 존재하여 마음이 평온하다. '내 안의 나'는 정신분석학으로 보면 '무의식'일 수도 있다.

원고를 한 권의 책으로 엮으며, 중복되는 내용이나 인용이 있어 삭제하거나 수정했다. 그러다 끝내 반복되는 인용 하나를 지우지 못해 남겨두었다. "의식되지 않은 무의식이 곧 운명이 된다."는 카를 구스타프 융의 말이다. 서로 다른 글에서 같은 문장을 두 번 인용한 것은 내 무의식이다. 두서없는 글들을 한 권의 책으로 다듬어 다시 쓰는 과정에서 나는 내 무의식을 의식하게 된 것이다. 글 쓰는 시간은 무의식을 의식하게 하는 순간이다. 덕분에 나는 글쓰기로 운명을 바꾸며 살았다.

부모로부터 물려받은 모든 조건은 내 운명이다. 돌이켜

보면, 내 운명을 바꾼 건, 스스로 선택한 독서와 글쓰기였다. 이 책을 읽는 사람은 알게 되겠지만, 우연히 읽은 책 한 권이 아내와 나를 맺어주었고, 글쓰기 덕분에 지금 내 삶이 온존한다. 읽지 않고 쓸 수 있는 자는 없으며, 쓰지 않고 계속 읽는 자도 없다. 쓰고자 읽는 자는 속독하지 않고 숙독한다. 글쓰기를 공부하는 사람은 곧잘 자신이 좋아하는 작가의 글을 필사한다. 작가의 호흡을 따라 한 자씩 베껴 쓰는 행위야말로 가장 곡진한 숙독이다. 읽기와 쓰기는 한 몸인 것이다.

아내는 가끔 내가 소심하고 우유부단하다고 말한다. 그럴 때마다 나는 웃으며 아내에게 답한다. 나는 소심하지 않고 세심하며, 우유부단하지 않고 신중하다고. 불가에서 일체유심조(一切唯心造)라 하듯, 모든 것이 마음먹기에 달렸다는 말은, 세상은 보는 각도에 따라 의미와 해석이 달라진다는 뜻이다. 그저 보지 않고, 각도에 따라 달라지는 다양한 의미를 아는 자가 읽는 자이다. 눈에 보이는 것이 다가 아니다. 보는 자는 읽는 자를 이길 수 없고, 읽는 자는 쓰는 자를 이길 수 없다. 의미는 생각이 아니라 기록이기 때문이다. 함께 사는 아내가 나를 소심하고 우유부단하다고 생각한다면, 부인하고 싶지 않다. 나는 때론 결단력 있는 사람이 부럽지만, 그렇게 살고 싶지는 않다. 결단은 확신에서 나오며, 확신은 모든 소통의 적이기 때문이다. 나는 머뭇거림과 망설임, 눌변, 그리고 쓸모없는 것들을 사랑한다.

공자는 마흔을 불혹이라 하여 세상에 미혹됨이 없는 나이라 하였다. 『논어』를 가까이 두고 읽었던 젊은 날의 나는 빨리 마흔이 되고 싶었다. 산다는 것이 고단하고 상념이 어지러워 삶이 명료했으면 했다. 하지만 쉰을 훌쩍 넘겨도 불혹은커녕 삶은 여전히 갈팡질팡 헤맴의 연속이었다. 그 헤맴 끝에 깨달았다. 불혹은 마흔이 되면 그저 주어지는 선물이 아니라, 내가 애써 노력하여 얻어내는 삶의 경지라는 사실을. 나이 들어서도 책을 읽고 글을 쓰며 공부하는 이유다.

어릴 때부터 책 읽기를 좋아했다. 어린 나이에도 매일 지루한 반복 같다는 생각에 도대체 산다는 게 뭘까 싶었는데, 책을 읽으니 하루도 같은 날이 없었고, 하루하루가 좋았다. 이 책은 어릴 때부터 독서를 좋아했던 자가 중년이 되어 어설프게 깨달은 내용을 혹여 잊을까 싶어 기록해둔 것이며, 소심한 자가 갈팡질팡하며 고민한 흔적들을 정리한 것이다. 내가 좋아하는 철학자이자 평론가인 발터 벤야민은 인용만으로 한 편의 완성된 글을 쓰고 싶은 소망이 있다고 하였다. 하늘 아래 새로운 것은 없는 듯하다. 어쩌면 내 글들도 모두 언젠가 내가 어떤 글을 읽으며 갈무리해두었고, 느끼며 새겼던 순간들이 혼재되어 정리된 것일 테다. 내가 읽은 모든 책의 저자와 내게 깨달음을 주었던 이들에게 고마움을 전한다.

 이 책을 출간하기까지 도움을 준, 고마운 사람들이 있다. 원고를 꼼꼼히 읽고 조언해준 제자 이주영 선생과 무턱대고 보낸 원고를 세심히 읽고 출간을 제의해주었으며, 책이 나오기까지 도움을 아끼지 않은 윤은미 편집자께 고마움을 전한다. 끝으로, 벗이고 동료이자 연인인 아내, 취업 불안과 마주한 딸, 투병 중인 아들에게 고마움과 사랑을 전한다.

차례

개정판 서문 ○ 7

여는 글 ○ 10

1부 그래도 산다는 것
예술과 철학에서 찾는 삶의 가치들

삶이 예술이 되는 순간 ○ 20

낙타, 사자, 어린아이 ○ 25

이야기를 돌려드리다 ○ 30

아우라, 왕의 오믈렛과 군대 라면 ○ 35

낭만의 기원과 가치 ○ 40

시를 읽는 이유 ○ 46

푼크툼, 덧없이 흘러 아름다운 인생 ○ 52

사랑은 기억을 공유하는 것 ○ 56

잃어버린 고독을 찾아서 ○ 63

원숙한 늙음을 고민한다 ○ 67

미더운 말은 아름답지 않다 ○ 71

소설을 읽는 이유 ○ 76

우리는 왜 환상문학을 읽는가 ○ 83

2부 그래도 안다는 것
책을 통해 얻는 앎의 가치들

독서의 위기는 민주주의의 위기이다 ○ 90

지지위지지 부지위부지 ○ 97

공독(共讀), 마음의 경계를 허물다 ○ 101

독서, 인간의 으뜸가는 일 ○ 105

가을이 독서의 계절이라는 말 ○ 109

뤼카가 책을 읽는 이유 ○ 114

진정한 독자 ○ 119

타인의 삶과 리빙 라이브러리 ○ 124

에토스(Ethos), 운명을 바꾸는 글쓰기 ○ 128

과거로부터 배우는 지혜 ○ 133

보수동 책방골목의 가치 ○ 138

독시, 연민과 사기 이해의 여정 ○ 144

3부 그래도 견딘다는 것
고통과 불안 속에 버티는 삶의 가치들

용서의 윤리는 완결될 수 있는가 ○ 150

스트레스는 중력이다 ○ 157

불안은 영혼을 잠식하는가 ○ 162

젊은 날의 방황은 아름답다 ○ 167

자존심보다 자존감이 중요한 이유 ○ 173

다산 정약용과 체 게바라 ○ 177

우리는 생각한다, 고로 우리는 존재한다 ○ 181

시간의 놀라운 발견 ○ 186

자전거를 타는 이유 ○ 190

행복의 세 가지 조건 ○ 195

폭력은 인간의 숙명인가 ○ 199

애도, 슬픔을 기록하는 슬픔 ○ 204

소설이 마음의 상처를 치유하는 까닭 ○ 210

4부 그렇게 살아간다는 것
사람과 사람, 연결된 삶의 가치

드라마와 어머니의 공감일지 ○ 218

착한 사람들의 사회 ○ 224

우리 시대에 통과의례가 필요한 이유 ○ 229

호기심은 젊다 ○ 235

책연(冊緣) ○ 240

사람을 알아보는 세 가지 방법 ○ 245

가족이라는 이름의 숙제 ○ 249

부모로 산다는 것 ○ 255

가족음악회의 가치 ○ 259

여자는 남자와 뇌가 다르다 ○ 263

지역신문이 가야 할 길 ○ 269

신문과 하이퍼로컬 저널리즘 ○ 274

확신은 모든 소통의 적이다 ○ 279

팬데믹과 현대인의 일상성 ○ 284

# 그래도 산다는 것

1부

예술과 철학에서 찾는 삶의 가치들

○   삶이 예술이 되는 순간

  예술이란 말의 어원인 테크네(techne)는 아리스토텔레스의 『시학』에 처음 등장하였다. 이후 라틴어 아르스(ars)로 번역되다 지금 우리가 사용하는 아트(art)로 정착했다. 테크네는 자연을 변형하여 무엇을 만들어내는 기술 행위와 자연의 아름다움을 체험하고 느낀 바를 표현하는 예술 행위를 포함한다. 테크네는 기술이면서 예술이며, 이러한 인식이 지금까지 이어져 우리가 현재 사용하는 아트의 뜻도 기술과 예술을 아우른다. 하지만 테크네는 근대 이후 예술의 세계와 멀어져, 테크놀로지(기술)나 테크닉(기교) 등의 용어로만 사용되고, 예술은 아름다움을 표현하는 전문 영역에서만 논의될 뿐, 정작 미적 체험의 참된 의미와 우리 삶과의 관계는 멀어졌다.

  예술을 통해 존재의 지평을 여는 인간은 본디 예술가의 자질을 타고난다. 예술은 아름다움 자체가 아니라 우리가 느낀 아름다움을 표현하고 재현한 것이다. 문학, 음악, 미술, 연극 등 예술의 양식은 달라도 근원은 인간이 지닌 아름다움에 관한 감성과 그것을 표현하는 본성이다. 그럼에

도 근대 이후 미학의 개념이 탄생하면서 예술을 순수예술로 제한하고, 전문적 영역에 가두었다. 예술은 인간이라면 누구나 가지는 본성임에도 우리는 전문교육을 받지 않으면 예술적 표현이 불가능하며 예술 자체를 누릴 수 없다는 독단에 사로잡히기도 했다. 인간은 아름다움을 추구하는 심미적 존재이고 예술로 놀이하는 존재이다. 예술은 같은 아름다움을 다르게 만들며, 고유함과 차이를 드러낼 때 예술일 수 있다. 악보가 같아도 연주는 연주자마다 다르며, 같은 연주자라도 연주할 때마다 다르다. 그리하여 누군가 악기를 연주하는 순간, 그 순간도 예술이 된다.

고입시험을 앞두고 야간자습을 하던 10월, 나는 집으로 돌아오는 길에 골목 전신주 밑에서 홀로 비를 맞고 선 클래식 기타를 만났다. 줄이 모두 끊어졌고 테두리에 흠집이 많아 한눈에 버려진 기타라 직감했다. 가로등 아래 처연하게 버려진 기타를 보는 순간, 그 녀석이 꼭 나와 같아서 집으로 가져올 수밖에 없었다. 기타 몸체를 마른걸레로 정성스레 닦고 그늘에서 말렸다. 토요일 동네 레코드 가게에서 줄 한 세트를 사서 가게 주인이 가르쳐준 대로 어설프게 줄을 맸다. 같이 사 온 클래식 기타 교본을 보며 도, 레, 미, 파 음을 손가락으로 하나씩 짚어갈 때, 나무의 질감에서 울려 나오는 기타 소리의 감동을 평생 잊지 못한다. 그렇게 중3 가을 나는 새로운 친구를 얻었다. 지금도 집과 연구실에 기타를 두고 힘들거나 마음이 울적할 때 연주한다. 소심함에 누구 앞에서는 못 쳐도 홀로 있는 시간, 바흐나 모차르트, 브라더스 포, 비틀스, 아바(ABBA), 김광석의 곡을 편곡해서 연주하며 스스로 위로한다. 가끔 자발없이 내가 연주하는 곡에 감동하지만, 보고 듣는 이 없으니 그 정도의 나르시시즘은 애교라 믿는다.

나는 매주 토요일이면, 읽고 싶은 책을 선물처럼 머리맡에 두고 다음 날 아침에 읽는다. 2010년 10월 아내가 곁에서 곤히 잠든 일요일 아침, 최영철 시인의 시집 『찔러본다』에 실린 「쑥국」을 읽다 눈물이 터져 나왔다. 한참 목이 메 천장만 올려다보다, 뒤척이며 잠이 깬 아내와 눈이 마주쳤다. 그날, 시를 아내에게 읽어주고 함께 울었다. '아내에게'란 부제가 붙은 시인의 시에는 고생만 한 아내에게 다음 생에 당신의 아내가 되어, 당신의 쓰린 속 어루만지는 쑥국이 되고 싶다는 마음이 오롯했다. 시를 읽으며 내 아내를 생각했다. 문학을 공부하고 이상만 꿈꾸는 남편 만나 고생한 아내, 그 무렵 생활비 벌겠다고 닥치는 대로 글을 썼는데 아내는 어린 딸이 울면 방해될까 추운 겨울 어린아이를 업고 집 주위를 몇 바퀴나 돌아야 했다. 세월이 흘러 어렵사리 40대 중반에 정규직 자리를 얻었지만, 그동안 아내의 고생이 적지 않았을 터, 그 미안함과 고마움을 시인 덕분에 곡진하게 전했다.

음악이든 문학이든, 예술은 아름다움 자체가 아니라 그 아름다움이 자신을 통해 발현될 때 진정한 예술일 수 있다. 역사에 길이 빛날 예술작품이라 하여도 자신과 관계를 맺지 못하면 의미가 없다. 아름다움은 개인의 직관으로 수용되고, 문화적 맥락으로 추론된다. 그래서 개별적이며 동시에 보편적일 수 있다. 예술은 언제나 문화적 맥락이 요구하는 보편성의 억압과 개인의 직관만 강조하는 개별성의 편향을 극복한 지점에 서 있다. 정일근 시인은 몰운대 저녁노을을 보고 "바다가 먼저 붉게 울어, 하늘의 눈시울이 덩달아 붉어지는 것"이라 노래했지만, 나는 그 아름다운 풍경을 사진에 담고 싶었다. 하지만 돌아와 확인한 사진에는 내가 느낀 저녁노을의 감동이 없었다. 예술의 힘은 아름다움 자체가 아니라, 그 아름다움과 내가 관계를 맺고, 나를 둘러싼 세계를 새롭게 보는 데서 나온다. 시인의 시를 만나 비로소 노을의 아름다움은 예술이 되고, 나는 몰운대에 올라 예술의 순간을 경험한다.

우리 일상이 비루하고 고단하다. 생존의 욕구는 모멸감 앞에서 우리를 무기력하게 만들고 매일 아침 자신의 존엄성을 집에 두고 우리는 출근을 서두른다. 그럼에도 삶이 예술이 되는 순간이 있다. 신호등 앞에 늘어선 버스 안에서 문득 쏟아지는 햇살을 휴대전화로 찍어 사랑하는 이들에게 보낼 때, 퇴근길 지하철에서 빌리 홀리데이나 이적의 노래를 이어폰으로 듣다 하릴없이 눈물이 날 때, 김사인과 함민복, 라이너 마리아 릴케의 시를 누군가에게 읽어주며 함께 감동할 때, 자기 생각과 정서를 소박하게 글로 표현할 때 삶은 예술이 된다. 카를 구스타프 융은 '의식되지 않은 무의식은 곧 운명이 된다'고 하였다. 예술은 감춰진 것을 드러내고 보지 못하는 것을 보게 하며 무의식을 의식하게 한다. 예술 창작은 세계를 모사하거나 언어로 베껴내는 과정이 아니라 새로운 자신을 깨어나게 하는 과정이다. 예술은 재현을 통해 인간을 억압하고 소외시키는 것과 현실에 가려 보지 못했던 가치를 다시 보게 하며 운명에 맞서 우리를 구원한다. 인간은 누구나 찰나를 산다. 삶이 예술이 되는 순간, 그 순간이 가장 인간다운 순간이다.

○ 낙타, 사자, 어린아이

　내가 들은 인생 조언 중에 가장 인상 깊었던 것은 친정어머니가 시집간 딸에게 해주는 말이었다. 탁자가 서너 개에 불과한 국밥을 파는 작은 식당이었다. 무람없이 밥을 먹는 딸의 표정은 어두웠고, 심각한 고민으로 선택의 갈림길에 서 있는 듯했다. 친정어머니는 천천히 국물을 뜨며 묵묵히 딸의 말을 듣기만 했다. 한참을 듣고 있던 어머니가 나직하게 말했다. "인생 살아보니 짧더라. 너 하고 싶은 거 하고 살아라." 어머니의 조언은 짧고 명료했다. 문득 돌아본 나는 어머니의 담담한 말투보다 회한에 찬 표정이 잊히지 않는다. 그렇게 말하는 어머니는 정작 후회 없이 하고 싶은 거 하며 살았을까.
　후회는 지난 시간의 자신을 거부하는 부정적 정서이다. 우리는 다른 선택을 했을 때, 실제 결과가 더 나을 수 있음을 상상하며 아픔과 슬픔을 느끼지만, 더 나은 결과를 가져올 수도 있었던 선택을 포함하기에 후회는 단순한 실망과 다르다. 그럼에도 후회는 자기 비난을 동반하여 후회가 클수록 심리적 고통도 커지며, 실제 후회가 우울증 등 정신건강에 영향을 미친다는 연구 결과도 있다. 우리나라 노인의 후회 이유를 연구한 결과에 의하면 의무와 희생으로 일관한 지난 삶에 대한 허망함과 서러움이 후회 중에서도 가장 컸다고 한다. 하고 싶은 것보다 해야 할 일에 소진된 자신의 인생은 돌이켜보면 누구나 헛헛하다.

철학자 프리드리히 니체는 『차라투스트라는 이렇게 말했다』에서 의무와 희생으로 점철된 삶을 낙타에 비유했다. 이는 등짐을 지고 묵묵히 사막을 걷는 낙타처럼 부담과 의무에 매여 사는 복종의 삶이다. 낙타의 인내심과 희생의 숭고함을 함부로 깎아내릴 수 없지만, 정작 우리가 낙타의 정신으로만 산다면 인생에서 후회 말고 남는 게 있을까 싶다. 누구나 처음에는 낙타처럼 산다. 낙타는 자신의 짐을 지고 가지 않는다. 낙타가 술을 지고 간다면, 그 술은 낙타가 마실 게 아니라 낙타 주인의 것이다. 이처럼 자신의 선택이 아닌 세상이 정해준 기준대로 사는 것이 낙타의 삶이다. 학교에는 지금도 수많은 아이가 낙타로 자라고 있다. 자식을 위해 헌신하고자 밥벌이의 일선에서 복무하는 부모들도 낙타이다. 낙타는 삶이라는 짐을 지고 시간의 사막을 가로지르는, 우리 모두에 대한 은유다.

니체는 낙타의 짐을 벗어 던지고 '자유 의지'를 상징하는 사자가 되라고 강조한다. 낙타에서 사자로 넘어가는 과정은 엄청난 고뇌와 결단을 요구한다. 어렵사리 낙타가 사자로 변한다 하여도 현실적 불이익이 닥칠 수밖에 없다. 어린 사자는 학교 밖으로 내몰리고, 중년의 사자는 해고되거나 구조조정의 경쟁에서 살아남으려 발버둥쳐야 한다. 자유의 대가는 혹독하기 마련이다. 그런데 사자의 자유는 '무엇으로부터의 자유'이지 '무엇을 향한 자유'는 아니다. 사자는 사회적 관습과 누군가가 만든 기준으로부터 자유를 쟁취했지만, 자신이 진정 원하는 것이 무엇인지는 잘 알지 못한다.

    니체는 결국 어린아이로 변신하라 조언한다. 니체가 말한 어린아이는 과거에 연연하지 않고 즐거운 놀이를 처음 하는 기분으로 시작하며, 현재에 몰입하여 자신만의 가치를 창조하며 살아간다. 어린아이는 자기욕망에 충실하다. 다만, 그 욕망이 자본이 세뇌한 욕망이나 타자의 욕망이 아니라 진정한 자신의 욕망이어야 한다. 미셸 푸코, 자크 라캉과 함께 프랑스를 대표하는 철학자 질 들뢰즈는 사자는 낙타 안에 현존해 있고, 어린아이는 사자 안에 깃들어 있다고 하였다. 자유롭지 않은 것은 놀이가 아니며, 현실은 제 몫의 의무를 다하지 않고는 자유를 허용하지 않는다. 어린아이를 자기 안의 본질로 품은 자는 낙타의 의무를 직시하고 사자의 자유를 존중하되, 이들을 넘어 자신이 진정으로 원하는 놀이의 정신으로 살아간다.

국밥집에서 만난 어머니의 표정에서 후회를 읽었다. 그러기에 어머니는 자신의 삶을 성찰하고 소중한 딸에게 자신처럼 살지 말라며 후회하지 않는 삶을 조언했다. 후회는 돌이킬 수 없는 것에 대한 집착이 분명하지만, 본디 사무친 후회 없이 삶의 성찰에 이르기는 어렵다. 성찰은 단순한 반성이 아니라 자기 마음을 살피는 행위이다. 후회가 상처를 남긴다면 성찰은 자기 마음을 살핌으로써 오히려 상처를 치유한다. 인간은 불완전한 존재이기에 늘 후회할 일을 만들 수밖에 없다. 과거를 돌아보는 것은 같으나, 후회가 지나간 시간에 대한 미련이라면, 성찰은 다가올 시간에 대한 결심이다. 그러기에 후회는 반복된 행위로 우리를 과거에 머물게 하지만, 성찰은 자기를 긍정하고 치유하여 미래로 나아가게 한다.

인생은 짧다. 후회는 의무와 도리를 다했고 열심히 살았다는 핑계로 내 삶을 유기한 죄, 그리하여 정작 나를 돌보지 않은 죄에 대한 형벌이다. 낙타로 살아왔음을 깨닫는 순간 내 안의 사자가 깨어나고, 사자의 저항과 파괴를 통해 마침내 자신만의 세계를 찾는 즐거운 어린아이가 된다. 우리 내면에는 누구나 어린아이가 숨어 있다. 낙타의 묵묵한 걸음과 사자의 질주를 거쳐 비로소 사막의 끝에서 내 안의 어린아이를 만나듯, 국밥집에서 만난 어머니를 다시 뵈면 감히 말씀드리고 싶다. 인생이 짧으나 아직 끝나지 않았으니 이제 어머니도 하고 싶은 거 하며 사시라고.

○　　　　　　　　　　이야기를 돌려드리다

언어를 통한 재현의 욕구는 오감으로 세상과 교유하는 인간의 본능이다. 이야기하지 않고서는 누구도 자신의 삶을 재현할 수 없다. 결국 인간의 삶은 수많은 이야기를 통해 구성되고 확장된다. 인간은 이야기로 상상하고 선택하며 살아가기에 결국 인간의 삶 자체가 이야기라 할 수 있다. 우리는 이야기 속의 등장인물이고 이야기를 만드는 작가이며, 때론 그 이야기를 해설하고 주석을 다는 비평가가 되기도 한다. 사람들은 이야기로 경험을 해석하고 의미를 부여하여 자신의 삶을 그려내고, 그렇게 그려진 삶이 다시 우리 자신이 되는 것이다. 그래서 1980년대 후반 호주에서 시작한 이야기 치료(narrative therapy)라 불리는 심리치료 방법이 지금은 세계 곳곳에 퍼져 있다. 이야기 치료는 자신이 이미 가지고 있었으나 잊고 있었던 것들을 이야기를 통해 발견하도록 돕는다.

우리는 지난 경험을 단지 정보전달을 위해 이야기하지 않는다. 이야기는 경험한 사건을 해석하여 자신의 지난 시간에 의미를 부여하는 행위이며, 이를 통해 마음이 치유되기도 한다. 프랑스 철학자 폴 리쾨르가 『시간과 이야기』에서 인간이 결국 '서사적 존재'라고 말한 것처럼, 우리는 이야기로 자신의 정체성을 형성한다. 현재의 시점에서 재구성된 모든 이야기는 가변적이며, 시간이 흐르며 이야기는 조금씩 변한다. 삶의 변화는, 곧 이야기의 변화인 것이다.

한나 아렌트는 『인간의 조건』에서 "모든 슬픔은, 말로 옮겨 이야기로 만들거나 그에 관해 이야기를 한다면, 참을 수 있다"고 하였다. 누구나 일상에서 자신의 아픔을 이야기로 털어놓거나 누군가의 이야기에 공감하면서 놀랄 만큼 상처가 치유됨을 경험한다. 문학의 언어로 옮긴 이야기가 소설이다. 문학의 언어는 지식이나 정보를 전달하기 위해 존재하지 않는다. 문학의 언어가 빚어낸 이야기는 단순히 들려주기 위한 줄거리로서의 이야기가 아니라 섬세한 상징과 은유로 삶의 진리를 천착하는 이야기다. 소설은 인물과 사건을 중심으로 한 시간의 예술이다. 시간의 불협화음을 화음으로 만들며 저자는 이야기를 만들고, 독자는 그 이야기를 통해 자신의 이야기를 만든다.

무더운 여름, 연휴를 기회로 그동안 묵혀두었던 책을 읽었다. 그중에서 전성태의 소설 「이야기를 돌려드리다」는 작가의 자전적 이야기 같아 오랫동안 마음에 남았다. 소설 속 어머니는 치매를 잃는다. 치매는 가까운 기억부터 사근

차근 갉아먹다 끝내 자신마저 망실하는 병이다. 어머니는 마치 휴대전화 액정화면의 배터리 표시처럼 기억이 지워진다. 구월의 기억이 지워지고 팔월의 기억이 지워졌다. 칠십 세의 기억, 육십 세의 기억이 사라졌고, 점점 어미로서의 기억이 사라지고 신부의 기억이 사라진 후 친정의 기억마저 지워졌다. 어머니는 아파트 출입문 비밀번호를 잊었고, 결국 아파트 동 호수마저 잊어 집을 찾지 못했다. 그런 어머니도 유일하게 반응하는 소리가 있다. 엄마! 하고 부르면 오야! 하고 대답하고, 밥 좀 줘! 하면, 안타까운 표정을 짓는다. 엄마와 밥은 마치 뇌에 저장된 기억이 아니라 가슴 같은 곳에 박히거나 뒤꿈치의 굳은살 같은, 기억과는 질적으로 다른 어떤 것 같았다. 자식들을 잊어도 엄마와 밥이라는 말에 정상인처럼 반응했기에 자식들은 면회할 때마다 엄마를 부르고, 밥 달라는 소리를 했다.

  자식에 대한 기억이 없는 어머니를 더는 어머니라 부를 수 있을까. 모든 존재는 그 존재를 지켜보는 자의 기억으로 현존한다. 옛날, 어머니는 어린 아들에게 늘 이야기를 들려주었다. 여름이면 수박을 덩굴째 흙으로 묻어서 이듬해 봄까지 먹는다는 어느 섬 이야기를 들려주며, 이야기 말미에 자신이 하는 얘기들은 그저 신기한 얘기들이 아니라 모두 사실임을 강조하곤 했다. 아들은 어머니의 이야기를 들으면 악몽에 시달리지 않고 편안히 잠들 수 있었다. 아들은 어머니 무릎에 누워 계속 이야기를 해달라고 졸랐다. 이야기가 바닥이 나서 더 해줄 게 없다고 어머니가 말하면, 아들은 예전에 들은 이야기들을 들먹이며 그것을 다시 해달라고 졸랐다.

이제 치매로 요양원 침대에 누운 노모 곁에서 아들은 이야기를 애서 떠올려 어머니에게 들은 이야기들을 돌려드린다. 어떤 미동도 없이 먼 세계에 있는 듯싶은 어머니에게 이야기를 들려줄 때면, 한순간 어머니 눈이 반짝이는 것 같기도 했다. 아들은 치매에 걸린 어머니가 지금 열 살이 되었든 두 살이 되었든 자신의 이야기를 경청하리라 믿었다. 세상의 모든 아이는 이야기를 좋아하고 그 세계에 살고 있으니까.

책을 덮고 한참을 생각했다. 어린 시절 아버지와 나를 두고 사람들은 자석처럼 붙어 다닌다고 '지남철'이라 불렀다. 출근하는 아버지 뒤를 자석처럼 따라붙어 어린 아들을 떼놓고 출근하느라 아버지는 애를 먹었다. 심심했던 나는 아버지를 따라다니며 이야기를 해달라고 졸랐다. 이제 팔순의 아버지를 지켜보는 나는 육체의 노화보다 아버지의 기억이 점점 사라진다는 사실이 마음 아프다. 어딜 함께 다녀왔던 기억이 나는 선명한데, 아버지는 잘 기억하지 못한다. 어릴 때 신기하고 재미있었던 아버지의 이야기가 청소년 시절에는 지겨웠고, 어른이 되어서는 반복된 이야기를 묵묵히 들었으나 기껍지 않았으며, 요즘은 바쁘다는 핑계로 아예 아버지의 이야기에 귀 기울이지 못했다.

  인간의 서사 본능, 즉 이야기를 만드는 본능이 우리의 삶을 의미 있게 만든다. 이번 주말에는 아버지를 뵙고 이야기를 청해야겠다. 언젠가 아버지의 기억이 아스라이 사라졌을 때, 나는 아버지 곁에서 아버지에게 들은 이야기를 돌려드릴 것이다.

○   아우라, 왕의 오믈렛과 군대 라면

저물어가는 가을, 노란 은행잎이 떨어지는 길을 걸으며 가수 윤도현의 노래 〈가을 우체국 앞에서〉를 흥얼거린다. '세상에 아름다운 것들이 얼마나 오래 남을까'라는 구절에서 자발없이 코끝이 찡해져 노래를 잇지 못하고, '가을에는 공중에도 바닥이 있다'는 문태준의 시 「바닥」의 한 구절이 떠올라 걸음을 멈추고, 첫 연을 나직하게 읊조린다. "가을에는 바닥이 잘 보인다/ 그대를 사랑했으나 다 옛일이 되었다/ 나는 홀로 의자에 앉아/ 산 밑 뒤뜰에 가랑잎 지는 걸 보고 있다/ 우수수 떨어지는 가랑잎/ 바람이 있고 나는 눈을 감는다"

가을은 바닥이 잘 보이고, 바닥을 보면 우수수 떨어지는 잎처럼 지난날들이 떠오른다. 우리가 옛사랑을 잊지 못하는 것은, 사랑했던 대상을 잊지 못하는 것이 아니라, 그 대상을 순수하게 사랑했던 '그때'의 자신을 잊지 못하는 것은 아닐까. 그렇게 앞뒤 없는 상념에 잠겨 있다, 참새처럼 재잘대며 지나가는 중학생들이 서로를 툭툭 치며 주고받는 말을 듣는다. 의기소침한 표정, 작은 키에 놈피마저 여윈 친구의 어깨를 감싸며 함께 걷던 친구가 격려의 말을 건넨다. "인마! 힘 좀 내, 너는 그래도 너만의 아우라가 있잖아."

아우라! 이 용어를 종교적 제의에서 세속으로 불러낸 사람은 발터 벤야민이다. 중학생이 벤야민을 알기는 어려웠을 터, 이제 이 용어는 출처인 벤야민의 에세이 『기술복제시대의 예술작품』에서 벗어나 스스로 아우라를 획득하게 되었다. 특정 학자가 제기한 철학적 개념이 이렇게 대중적으로 널리 사용되는 경우는 드물다. 가끔 아우라의 개념이 오용되기도 하나, 언어의 특성상 그것도 아우라의 변신이자 운명이다. 벤야민의 문장과 진술은 언제나 시적이다. 그는 아우라를 '먼 산에서 건듯 불어온 바람'과 같은 것이라고 하지 않았던가. 한나 아렌트도 벤야민을 두고 시인이 아니면서도 시적으로 생각하는 사람이라고 하였다. 벤야민의 아우라를 설명할 때 빠지지 않는 '왕의 오믈렛' 이야기가 있다.

옛날 옛적에 한 왕이 살았다. 어느 해, 왕은 외세의 침략으로 전쟁을 하다 쫓기어, 결국 숲속에서 길을 잃고 헤매게 되었다. 추위와 굶주림에 절망하던 왕은 기적처럼 작은 오두막을 찾아 그곳에서 노파가 만들어준 오믈렛을 먹을 수 있었다. 왕은 따뜻한 오믈렛 덕분에 힘이 났고, 나라를 되찾을 수 있다는 희망이 샘솟아 올랐다. 이윽고 외세를 물리친 왕은 세월이 흐를수록 그 오믈렛이 먹고 싶어 온 나라를 뒤졌지만, 숲속 오두막 노파를 다시는 만날 수 없었다. 나이가 든 왕은 예전의 오믈렛을 한 번만 더 맛볼 수 있길 소원했다. 하루는 궁정요리사를 불러 자신의 마지막 소원을 이루어주면 사위로 삼아 후계자로 봉할 것이나, 만약 그렇지 못하다면 사형에 처할 것이라 엄명을 내렸다. 그러자 요리사는 왕에게 죽음을 각오하고 간언했다.

"폐하! 그렇다면 사형 집행관을 당장 불러주십시오. 저는 천하의 진미를 만들 수 있는 요리법은 알고 있습니다만, 폐하께서 드셨던 그 오믈렛의 맛을 똑같이 낼 수는 없습니다. 어떻게 제가 그 당시의 재료를 모두 준비하겠습니까? 전쟁의 위기, 쫓기는 자의 절박함, 암울한 미래, 오두막 부엌의 따뜻한 온기, 반겨주는 노파의 온정. 이 모든 아우라는 제가 도저히 마련할 수가 없습니다." 왕은 묵묵히 듣고는 요리사에게 선물을 가득 챙겨주어 보냈다.

군 생활 중, 겨울에 밖에서 떨면서 근무를 서고 돌아와 끓여 먹던 라면 맛, 그 맛을 다시 한 번 느껴보고 싶다는 어느 직장인의 말을 들었을 때, 나는 왕의 오믈렛을 떠올렸다. 다시 군대 가면 된다, 회사에서 새벽까지 야근하고 먹으면 된다 등 유머 섞인 수위의 조언이 많았지만, 왕이 그

그래도 산다는 것

러했듯, 그도 다시는 그 라면 맛을 볼 수 없을 테다. 아우라는 두 번 경험할 수 없는 그 무엇이며, 주체가 대상과의 관계 속에서 얻는 특별한 주관적 경험이자 교감이다. 예술에 있어 아우라를 지닌 작품의 수용은 그 작품에 완전히 몰입하고 침잠함으로써 주체와 대상이 통일되고 교감하는 순간을 통해서 이루어질 뿐이다. 그것은 벤야민의 표현대로 '공간과 시간의 특별한 직물'이며 반복될 수 없다. 그러기에 모든 아우라는 아름답고 슬프다.

아우라는 대상 자체가 지니는 고유한 느낌이나 분위기이기도 하지만, 무엇보다 그 대상을 받아들이는 수용자의 느낌이다. 루브르 박물관에서 다빈치의 〈모나리자〉 진품을 본다고 누구나 아우라를 느끼지 않으며, 어릴 때 눈물 펑펑 쏟으며 읽었던 『플랜더스의 개』의 넬로처럼 성당에서 루벤스의 그림을 본다 하여 누구나 아우라에 감동하는 것도 아니다.

발터 벤야민이 살았던 시대와 달리, 보드리야르가 강조했듯 실재와 원본조차 사라지는 시뮬라크르의 시대인 오늘날, 원본과 복제의 경계는 허물어졌다. 그럼에도 벤야민의 아우라는 여전히 사람들의 마음속에 살아 있다. 그의 아우라는 개념이 아니라 시적 진술이기 때문이다. 아우라는 공간과 시간의 특별한 직물이며, 먼 산에서 건듯 불어

온 바람 같은 것. 노란 은행잎이 떨어지는 거리, 떨어지는 은행잎을 보며 흥얼거렸던 노래, 그 노래를 부르며 울컥했던 순간, 떠올렸던 시인의 시구와 상념이 어우러져 아우라가 된다.

    자신의 경험에 오감(五感)을 맡기는 자, 그리하여 순간을 사는 자, 그 순간을 잊지 않고 기억하는 자에게 선물처럼 주어지는 것이 아우라다. 두 번 다시 닿을 수 없어 슬프나, 그러기에 더 아름다운 순간, 그 감각의 기억들이 아우라다. 왕은 오믈렛을, 전역한 직장인은 라면을 다시는 맛볼 수 없고, 시인은 옛사랑을 다시는 만날 수 없으나, 생생한 감각으로 기억하고 있지 않은가. 그래서 벤야민은 아우라를 설명하며 이렇게 진술한다. '멀다, 그러나 가깝다'.

낭만의 기원과 가치

"지금 먹고살기 힘든데 무슨 얼어 죽을 낭만이냐?"라고 푸념하는 이들이 있다. 그러한 푸념에 공감한다. 하지만 낭만이 사라진 시대는 불행하다. 낭만은 경쟁과 효율을 중시하는 팍팍한 세상에서 우리 인간성의 마지막 보루이기 때문이다. 엄혹한 군사 독재 시절에도 대학 교정에 낭만이 있었으나 진리의 전당이길 포기한 대학과 취업 불안에 무력해진 청년들은 자본 권력에 순응하며 낭만과 멀어지게 되었다. 이제 가정이나 직장, 심지어 사랑에서도 낭만이 사라진 시대라고 한다. 그런데 상업적인 영화나 드라마는 끊임없이 로맨틱한 서사를 쏟아내고, 아예 낭만을 표방하여 '낭만닥터'를 주인공으로 내세운 드라마가 한때 큰 인기를 얻기도 했다.

우리가 낭만이라는 말을 사용한 것은 불과 한 세기 정도다. 낭만이란 용어 자체가 프랑스어 로망(roman)의 일본어 음역을 우리 한자음으로 읽은 말이다. 20세기 초 일본을 통해 우리에게 처음 소개된 서구의 낭만주의가 1910~1920년대 우리 문단에 주요한 경향으로 나타나며 낭만이란 말이 생겨났다.

낭만의 뿌리인 낭만주의는 계몽주의와 고전주의에 대한 반발로 형성된 문예사조이다. 역사가이자 철학자인 이사야 벌린은 『낭만주의의 뿌리』에서 낭만주의에 대한 일관된 정의를 찾는 것은 불가능하다고 말한다. 그는 낭만주의를 서구 지성사 전반에 걸쳐 일어난 광범위한 정신사적 혁명으로 본 것이다. 낭만주의는 이성과 합리성을 바탕으로 한 계몽주의와 균형과 조화를 중시하는 고전주의에 저항하며 자유로운 개성과 창조성을 강조한다. 그래서 낭만주의자는 순수와 열정, 꿈과 이상, 환상과 모험을 중요하게 여긴다.

오늘날의 낭만은 연휴를 맞아 기내용 가방을 끌고 공항에서 출국을 기다릴 때, 인스타그램이나 페이스북에 여행지에서 찍은 사진들을 전시할 때, 유명 맛집을 찾아 음식을 먹거나, 멋진 카페에 앉아 여유를 즐길 때, 자동차로 해안도로에서 드라이브를 즐길 때 떠올리는 말이 되었다. 돈이 없으면 낭만도 없다. 어느 순수한 청춘이 돈 들지 않는 낭만적 분위기를 연인 앞에서 애써 만들어 본다면, 그러한 노력은 낭만보다 궁상에 가까운 행위로 폄하되기 일쑤다. 연인을 위해 얼마를 소비하는지가 연인을 얼마나 사랑하는지 가늠하는 행위가 되어버린 시대, 오늘날 낭만은 자본이 은밀하고 치밀하게 만든 소비행태로, 오히려 피로의 대상으로 전락되었다.

이제 대인관계도 자본의 논리에 따라 효율성을 따지는 세상이다. SNS를 활용해 편리하고 쉽게 간접적인 대인관계를 유지할 수 있는데 굳이 시간과 돈을 들여 감정 소모와 갈등을 일으키는 만남을 유지할 필요가 없다. 에바 일루즈는 『감정 자본주의』에서 이를 '차가운 친밀성'이라고 하였다. 감정 자본주의 사회에서 연애와 같은 사적 관계마저 탈낭만화하는 것이다. 이제 관계의 기본인 약속은 의무가 아니라 선택이 되었다. 갑작스레 늦다고 연락하거나 장소를 변경하거나 아예 오지 않는 행위가 큰 잘못이 되지 않는다. 휴대전화 덕분에 약속의 무게는 가벼워지고 약속을 지키지 못해도 문자로 간단히 사유와 미안한 표정의 이모티콘을 보내면 그만이다. 접속으로 접촉을 얼마든지 회피할 수 있는 세상에서, 관계의 낭만은 접속이 아니라 접촉임을 강조해도 소용이 없을 듯하다.

우리가 낭만의 자본화를 우려하는 것은 그것이 낭만에 내재된 전복적 가치를 소거하기 때문이다. 낭만주의는 태동할 때부터 유럽 사회의 자본화, 산업화, 도시화와 밀접한 관련이 있었다. 계몽주의와 자본주의가 기획한 사회 구조와 개인에 대한 통제를 비판했던 낭만주의자들은 도

달할 수 없는 것을 동경하는 데 머무르지 않고, 훗날 자본주의의 모순에 맞서 현실을 변혁하려는 희망을 품고 저항했다.

조지 오웰의 『카탈로니아 찬가』, 에드거 스노의 『중국의 붉은 별』과 함께 세계 3대 르포문학으로 평가받는 책이 『세계를 뒤흔든 열흘』이다. 이 책의 저자이자 기자인 존 리드는 대학 시절 자신의 인생을 계획하며 다음과 같이 쓴다. "모든 것은 이렇게 요약된다. 행복과 모험, 아니면 돈과 판에 박힌 일상." 리드는 선택의 고민 끝에 기자가 되어 1913년 미국 뉴저지주 패터슨 노동자들의 파업을 취재하고, "자본가들이 경찰과 언론, 법원을 완벽하게 장악하고" 있다며, 통렬하게 비판한다. 당시 패터슨 파업 노동자들의 요구는 최저 임금 보장과 하루 8시간 노동이었다.

중장년들이 최백호의 노래 〈낭만에 대하여〉를 노래방에서 애창하며 잃어버리고 소멸한 것에 관한 노스탤지어에 빠져 있을 때, 정치권력과 결탁한 자본권력은 주류 언론의 비호 속에 효율이라는 이름으로 비정규직을 양산하며 청년 세대의 삶을 위태롭게 만들었다. 우리의 경쟁력은 높아졌을지 모르나, 이는 비정규직의 희생을 요구하는 착취 구조 때문이며, 그 결과로 세대 간의 갈등은 깊어지고, 개인의 삶은 갈수록 팍팍해지고 있다. 이를 누고 사회학사

김찬호는 『모멸감』에서 "자동차에서 냉난방과 스마트폰에 이르기까지 물질생활의 불편은 줄어들었지만, 불만과 불안과 불신은 오히려 늘어난다"고 지적한다.

먹고살기 힘들수록 오히려 낭만의 가치는 커진다. 시장에 돼지고기 사러 갔다, 그 돈으로 장미꽃 한 다발을 사 온 주부를 타박할 수 없다. 가족이 식탁에 둘러앉아 장미꽃을 뜯어 먹을 수는 없겠지만, 화사한 장미꽃을 보며 고기 없는 소박한 밥상을 대하는 저녁이 불행하다 말할 수 없다. 켄 로치 감독이 영화 〈빵과 장미〉에서 역설했듯, 우리는 빵이나 밥만 먹고 살 수 없다. 우리에게 장미, 즉 낭만이 필요하며, 낭만이 사라지면 인간의 존엄성이 들어설 자리도 없다.

이제 낭만주의는 문예사조를 넘어 시대정신으로 보아야 한다. 새로운 문화를 건설하려는 충동으로 더 나은 세상을 꿈꾸는 자들이야말로 시대정신으로 빛나는 낭만주의자들이다. 낭만은 현실에 매이지 않는 삶의 태도를 의미하지만, 역설적이게도 이러한 태도가 고단한 현실을 극복하는 힘이 된다. 낭만주의자는 늘 이상을 품고 산다. 어떤 이는 현실감각 없이 무모하게 꿈꾸는 자를 이상주의자라 폄하하지만, 나는 믿는다. 낭만적 이상주의자는 현실을 외면한 자가 아니라, 자신이 발 딛고 사는 이 땅의 현실과 사람들을 너무 사랑하는 자임을. 『세계를 뒤흔든 열흘』을 남기고 존 리드는 서른셋에 짧은 생을 마감한다. 돈과 판에 박힌 일상보다 모험과 이상을 택했던 존 리드의 생애를 떠올리며, 자본에 길들지 않고, 권력에 순응하지 않으며 뜨겁게 연대하는 낭만주의자들이 있는 한, 낭만의 가치는 여전히 유효하지 않을까 생각해 본다.

○   시를 읽는 이유

 고교 시절 라이너 마리아 릴케의 시집을 만난 건 축복이었다. 처음에는 시인의 이름이 너무 아름다워 시집 표지에 실린 이름을 몇 번이나 소리 내어 읽었다. 정작 속표지에 실린 수염 무성한 중년 아저씨의 얼굴에 잠시 실망했지만, 이내 릴케의 시를 사랑할 수밖에 없었다. 쏟아지는 햇살을 받으며 걸을 때 릴케의 시를 암송하며 행복했고, 그렇게 만난 시의 인연으로 폴 발레리, 하인리히 하이네 등의 시도 즐겨 읽었다. 그 무렵, 여학생들을 가까이 볼 기회는 이른 아침 등교시간의 버스 정류소뿐이었다. 그곳에서 곧잘 이성을 갈망하는 청춘들은 서로 편지를 주고받으며 어느 학교 누구임을 밝혀 애정을 고백하기도 했다. 날숨이 서리가 되던 초겨울, 등굣길 버스 정류소에서 한 여학생이 내게 편지를 건넸다. 숫기 없던 나는 당황했고, 당황하여 얼굴이 굳어진 내 시선에 더 당황하며 여학생은 몸을 돌려 도망쳤다. 키 작은 그녀가 자주색 교복 치마를 깃발처럼 펄럭이며 달려갈 때 나는 놓치면 지각이 분명한 버스를 그냥 보낼 수밖에 없었다. 야간자습을 마치고 집으로 돌아와 편지를

펼쳤다. 녹색 잉크로 또박또박 써내려간 시 한 편, 김춘수의 「꽃」이었다. 누군가에게 꽃이 되고 싶었던 여고생은 얼굴도 기억나지 않지만, 미안함과 후회로 「꽃」이란 시는 내게 각인되었다.

입대를 앞두고 한 여자를 만나 사랑하게 되었다. 가난한 대학생은 그녀에게 줄 게 없어 며칠 밤을 지새워 시 한 편을 썼다. 어찌나 고민하며 썼는지 30여 년이 지난 지금도 시의 전편을 토씨 하나 틀리지 않고 외울 정도다. 그 정성이 지극했는지 내 사랑을 받아준 그녀가 지금 아내가 되었다. 가끔 한 편의 시에 인생을 맡길 여자가 또 있을까 싶고, 한 존재가 다른 존재에게 신의 힘을 빌리지 않고 이토록 간절하게 마음을 전달하는 법이 있을까도 싶다.

대학입시를 준비하는 둘째가 언어 영역에서 가장 공부하기 싫은 것이 시라며, 무슨 말인지도 모르는, 시 따위를 왜 배우는지 모르겠다고 푸념한다. 훗날 국어나 문학 교과서를 보지 않아도 될 때, 갈수록 소통의 속도를 강제하는 우리 사회의 일원으로 아들은 더는 시를 읽지 않을 것이다. 시를 읽지 않아도 사는 데 지장이 없다. 이제 시는 학교 다닐 때 시험을 치기 위해 억지로 공부하는 대상에 불과한 듯도 하다. 그럼에도 공자가 엮은 『시경』이나 아리스토텔레스의 『시학』에서 알 수 있듯 시라고 불리는 예술 형식은 수천 년의 역사를 지니며, 여전히 예술의 숱한 하위 범주들의 하나가 아니라 시 고유의 특권적인 지위를 차지하고 있다.

한자어 시(詩)를 풀어 보면, 시는 언어(言)의 사원(寺)이다. 일찍이 하이데거는 '언어는 존재의 집'이라 하였고, 시야말로 언어의 본질이고 근원적인 언어라 하였다. 만약 하이데거의 말처럼 언어가 존재의 집이라면, 시는 존재의 사원이 된다. 사원은 본디 신의 집이며, 신과 인간이 만나는 성스러운 공간이다. 그곳에 들어선 자는 인간의 한계를 직시하고 신을 향해 비상하고자 생과 사의 경계에서 자신의 삶을 회고하며 숙연해진다. 따라서 시를 제대로 읽어보려는 사람은 김사인 시인의 조언처럼 "시 앞에서 일단 겸허하고 공경스러워야 마땅"하다. 그래야 "내 마음의 문이 열리고, 마음이 열려야 한 편의 시가 들려주는 이야기와 목소리와 빛깔과 냄새들이 나에게 와닿을" 수 있다.

시는 낯설고 불가해하다. 그렇기에 언표 불가능한 시 앞에서 시에 대한 모든 말들은 사라져야 마땅하며, 부산한 말들이 시의 앞을 가리게 하지 말아야 한다. 말의 한계는 침묵이다. 시가 건네는 말의 한계, 즉 침묵에 부딪힐 때까지 다가섬으로써 우리는 시를 만난다. 따라서 시를 제대로 읽은 자는 침묵해야 마땅하다. 그리고 침묵 속에서 겨를 없고 정처 없는 헤맴을 시작한다. 길을 잃어본 자만이 새로운 길을 찾는다. 다만, 잃는 행위 자체가 아니라 잃고 헤매는 과정이 새로운 길을 찾게 한다. 그래서 하이데거는 예술작품을 두고 작품(work)이 아닌 길(way)이라 말한다. 시는 길이다. 인간은 익숙한 것과 결별하지 않고서는 한 걸음도 나아갈 수 없다. 그 나아감의 길이 시다. 헤매며 걷는 자는 결국 도달할 수 없다 하여도, 그 과정에서 자신만의 길을 찾는다.

시는 존재의 소리에 응답하는 인간의 마음이다. 그 마음의 소리를 듣고자 시집을 가까이 두고 읽는다. 김사인의 『가만히 좋아하는』, 문태준의 『가재미』, 정희성의 『돌아다보면 문득』, 정일근의 『기다린다는 것에 대하여』, 박성우의 『가뜬한 잠』, 함민복의 『눈물을 자르는 눈꺼풀처럼』, 심보선의 『슬픔이 없는 십오 초』 등 시를 읽어야 하는 이유를 말해주는 시집은 많다. 나는 특히 최영철의 시를 좋아하는데, 그의 시집 『금정산을 보냈다』는 몇 해 전 부산 시민이 함께 읽을 '한 권'의 책으로 선정되었다. 취업 때문에 요르단으로 떠나는 아들이 마음 아팠지만, 딱히 손에 쥐어줄 게 없어 금정산을 보낸 시인. 아들을 위해 고작 한 일이 시를 단숨에 쓴 일뿐이었지만, 부산에서 나고 자란 아들을 보내며 부산 사람이면 모태와도 같은 금정산을 통째로 선물하는 일이 시 아니면 가능했을까.

 시가 왜 존재하느냐는 물음은 인간이 왜 존재하느냐는 물음처럼 허망하다. 우리는 그저 시를 통해, 언어의 사원에서 자신의 존재 이유를 묻고 답함으로써 삶의 의미를 찾을 뿐이다. 누군가 내게 시를 읽는 이유를 묻는다면, 나는 몇 권의 시집을 넌지시 건넬 것이다. 혹시 이 시집들을 언제 다 읽느냐고 푸념하는 이가 있다면, 최영철의 시로 답을 대신하겠다.

> 여름이 채 가기도 전에 매미는
> 제 외로움을 온 천하에 외치고 다녔네
> 해밝았으면 금방 날아갈 슬픔
> 비는 너무 많은 눈물로 뿌리고 다녔네
> 아무데다 짖어대는 저 개
> 사랑이 궁하기로서니
> 그렇게 마구 꼬리를 흔들 일은 아니었네
> 그 바람에 새는
> 가지와 가지 사이를 너무 빨리 지나쳐 왔네
> 저녁이 되기도 전 바위는
> 서둘러 제 몸을 닫아버렸네
> 잡았던 손길 뿌리치고 물은 아래로

저 아래로 한정없이 흘러가고 있네
천둥의 잘못은 너무 큰 소리로
제 가슴을 두드리며 울부짖은 것
시인의 잘못은 제 가난을 밑천으로
너무 많은 노래를 부른 것.
- 시집 『금정산을 보냈다』 중 「시인」 전문

○   푼크툼, 덧없이 흘러 아름다운 인생

    사진첩을 정리하다 어머니의 옛날 사진을 보았다. 여름 바다, 늦둥이 막내를 튜브에 태우고 햇살을 받으며 눈부시게 웃는 사진 속 어머니는 허리가 굽고, 다리가 휜 팔순의 노인이 아니었다. 사진은 낡았으나, 파란 바다와 검은 튜브 어머니의 자색 수영복은 바래지 않았다. 사진 속 햇살 때문인지 아니면 어머니의 환한 웃음 때문인지, 나는 사진을 보다 눈이 시려 눈물이 났다. 그것은 롤랑 바르트가 그의 책 『카메라 루시다』에서 말했던 푼크툼(punctum)의 경험이었다. 푼크툼! 처음 이 용어는 사진을 보며 작가의 의도와는 관계없이 보는 이의 경험에 비추어 사진을 받아들이는 것을 뜻했다. 이제는 사진뿐 아니라, 인생의 어떤 강렬한 장면을 회상할 때도 차용한다.

    푼크툼과 대비되는 것이 스투디움(studium)이다. 스투디움은 공통된 심상이나 보편적 정서이다. 스투디움이 객관적이라면 푼크툼은 지극히 주관적이다. 인생을 사진에 비유한다면 평범한 일상이 스투디움이고 가슴을 뛰게 하는 생의 한순간, 한 장면이 푼크툼이다. 롤랑 바르트는 이 용어에 얼마나 강렬한 의미를 담고 싶었기에 '찌름'을 뜻하는 라틴어 'punctionem'에서 표현을 가져왔을까. 푼크툼은 작가의 의도가 개입할 수 없는, 철저한 수용 미학의 영역이고, 지극히 개인적이고 심리적인 감성이며, 우연히 쏜 살처럼 날아와 박힌다. 푼크툼은 나를 상처 입히고, 자극을 주는 우연성이다. 애초에 자극 없이 설레고 요동치는 가슴은 없으니.

사진 속 그해 여름, 대학입시를 앞두고 모두 막바지 정리에 여념이 없을 때, 나는 학교 자율학습 시간에 책만 읽었다. 그날 책에서 "어떤 이도 같은 강물에 두 번 발을 담글 수 없다"는, 그리스 철학자 헤라클레이토스의 말을 읽고, 나는 포획된 새처럼 가슴이 콩닥거렸다. 공부 못하는 모범생이었던 나는, 그날 처음으로 자율학습을 빼먹고 무작정 강으로 갔다. 저물 무렵 강가에서 교복 바지를 걷고 조심스레 발을 담갔다. 그날 강물은 찼고 노을과 심장은 붉었다. 훗날 이곳 강가를 다시 찾아 강물에 발을 담근다 해도, 그 강물은 이미 흘러갔음을, 어떤 이도 같은 강물에 다시는 발을 담글 수 없다는 사실에 눈물이 났고, 나는 집으로 돌아와 두 번 만날 수 없는 오늘을 추모하며 밤새 아바(ABBA)의 노래를 들었다.

나는 평소 사람 많은 곳을 꺼려 좀처럼 영화관에 가지 않는다. 그럼에도 10년 전쯤 여름 영화관에서 〈맘마미아〉를 보았고, 10년이 다시 흐른 여름에 그 영화의 후속편을 본 것은, 오직 아바(ABBA) 때문이었다. 〈맘마미아〉는 아바의 노래를 사랑하고, 인생의 푼크툼을 여전히 기억하는 자들을 위한 영화이다. 관객은 청소년부터 노인까지 세대를 아울렀고, 옆자리 모녀는 영화가 끝날 때까지 손을 잡고 있었다. 영화는 세상을 떠난 엄마 '도나'의 젊은 날과 딸 '소피'의 현재를 교차하며 흘러간다. 뮤지컬 영화답게 쏟아지는 아바의 노래는 카세트테이프로 매일 아바의 노래를 듣던 그해 여름으로 나를 데려다주었다. 눈부시게 싱그러운 젊은 날의 도나가 그리스 섬에 있는 낡은 집의 문을 열고 들어서며, 그곳에서 자신의 운명이 시작됨을 직감한 듯 〈I have a dream〉을 부르는 장면에서, 나는 자발없이 눈물이 났다. 푼크툼은 개인의 경험에서 오는 강한 인상이고, 한순간 느끼는 감정의 소용돌이다. 그것이 사진이거나 영화의 한 장면이라면, 필연적으로 상처를 동반한다. 그때의 장소와 사건과 사람이 지금은 없기 때문이다.

노년에 떠돌며 고단한 삶을 살았던 공자는 어느 날, 제자들과 시냇가에 앉아서 흐르는 시냇물을 보고 탄식했다. "모든 흘러가는 것이 저와 같구나! 밤낮을 멈추지 않는구나." 『논어』 자한편의 이 구절을 한자성어 '불사주야(不舍晝夜)'의 뜻처럼 밤낮없이 배움에 힘써야 한다는 뜻으로 해석하는 이들이 많다. 하지만 나는 생각이 다르다. 노년의 인간 공자에 주목한다면, 시냇물이 잠시도 멈추지 않고 흘러가는 것을 보고, 인생의 흘러감도 이와 같아 어제의 내가 오늘의 내가 아님을 탄식하는 것으로 볼 수 있지 않을까. 강물이 흐르듯 우리는 모두 밤낮없이 세월 따라 흘러가고, 그 누구도 같은 강물에 발을 두 번 담글 수 없듯 인생은 돌이킬 수 없다.

사진 속 자색 수영복을 곱게 입은 내 어머니도, 영화〈맘마미아〉의 거칠 것 없는 젊은 시절의 도나도, 강물에 발을 담그던 내 소년 시절도 다시 돌아오지 않는다. 돌이킬 수 없고 돌아갈 수 없음을 알지만, 문득 그 사실을 상기하는 것만으로 가슴 저리게 아려 오는 것이 인생이다. 이 자명한 사실로 나는 죽음에 이를 때, 내 인생이 편년체로 기억되길 원하지 않는다. 이력서 속의 기록처럼 몇 연도에 어느 학교를 졸업하고 어떤 직장에 근무했는지, 그렇게 무덤덤하게 기록되는 인생이 되고 싶지 않다. 가슴을 뜨겁게 뛰게 했던 생의 장면들, 롤랑 바르트가 말한 푼크툼으로 내 인생이 기억되길 소망한다. 푼크툼은 상실했기에 더욱 소중한 순간에 대한 기억이다. 인생은 상실의 여정일 수밖에 없으나, 그 상실의 아픔 속에서 푼크툼을 만날 수 있다면, 생은 덧없이 흘러도 아름답지 않을까.

○　　　　　　　　사랑은 기억을 공유하는 것

　미셸 공드리의 연출과 찰리 카우프먼의 각본이 빚어낸 영화 〈이터널 선샤인〉은 언뜻 낭만적이고 서정적인 영화 같지만 배경으로 자주 등장하는 몬타크의 겨울 바다만큼이나 어둡고 쓸쓸하다. 사는 게 따분한 남자 주인공 조엘과 충동적인 성격의 여자 주인공 클레멘타인은 서로 사랑하지만, 성격과 취향의 차이로 사사건건 갈등을 일으킨다.

　어느 날, 두 사람이 심하게 다툰 후 조엘이 뒤늦게 클레멘타인을 찾아가 사과하려 하지만, 그녀는 그를 알아보지 못한다. 반복되는 갈등에 지친 클레멘타인이 잊고 싶은 기억을 지워주는 회사에 찾아가 조엘에 관한 기억만 선택적으로 지워버렸기 때문이다. 그 사실을 알고 절망과 분노에 떨던 조엘은, 자신도 그 회사로 찾아가 연인에 관한 기억만 지운다. 기억을 지울 때 중요한 건, 지우기 전에 반드시 그녀에 관한 기억을 떠올리게 하는 모든 물건을 버려야 한다. 심지어 머그컵에 새겨진 그녀의 작은 사진까지도.

　사랑이란 사랑했던 이유나 사랑했던 경험의 공유가 아니라, 사랑했던 기억의 공유다. 소중한 것들은 대부분 눈

앞에 있기보다 등 뒤에 있듯, 사랑의 시제는 과거형일 수밖에 없다. 미래를 향한 결심으로 유지되는 사랑은 사랑이기보다 계약에 가깝다. 사진을 비롯하여 상대를 떠올리게 하는 모든 물건은 결국 기억의 표지판이니 이별을 원하는 자는 먼저 모든 물건을 버려야 하는 것이다. 기억의 삭제만큼 완벽한 이별은 없다. 프랑스 작가 마르셀 에메의 단편소설「생존 시간 카드」에서도, 뜨거운 사랑의 경험을 함께했지만 서로 다른 생존 시간 탓에 여인은 주인공 쥘 플레그몽을 기억하지 못한다. 한 사람의 일방적인 기억만으로 사랑은 복원되지 않는다. 그 사실이 소설과 영화 속 연인의 근원적인 비극이다.

미국 코넬대 신시아 하잔 교수의 연구에 따르면, 폭풍같은 열정적 사랑은 연애 1년을 전후해 급격히 약해지며, 길어야 900일을 넘지 않는다고 한다. 그럼에도 왕가위 감독의 영화〈중경삼림〉에서 금성무는 이런 독백을 한다. "만약에 사랑에도 유효기간이 있다면 내 사랑의 유효기간은 만 년으로 하고 싶다." 이만큼 사랑의 유효기간을 부정하고 싶은 처절한 독백이 있을까.

아리스토텔레스가『니코마코스 윤리학』에서 강조했던 '완전한 사랑' 즉 유용하기 때문에 혹은 즐거움과 쾌락을 주기 때문이 아니라, 어떤 것이 그 자체로서 좋아서 사랑하는, 그런 사랑은 여전히 불가능한 것일까. 여전히 도구적 사랑과 쾌락적 사랑만이 낭만이란 위장막에 은폐되어 연인들을 사로잡는 것일까.

에리히 프롬의 도발적인 명제를 빌리면 '사랑은 기술'이다. 사랑의 기술을 '연애 선수'들이 흔히 전리품처럼 늘어놓는, 상대를 유혹하는 잔재주쯤으로 오해하지 말았으면 한다. 에리히 프롬은 『사랑의 기술』에서 사랑을 정서적 감정이나 느낌이 아닌, 의지와 노력의 산물로 본다. 따라서 그 기술을 체득하려면 이성적인 태도로 부단히 노력해야 한다.

사랑은 감성으로 시작되고 이성으로 유지된다. 감성은 소중하나 변덕이 심하다. 지그문트 프로이트의 지적처럼, 어떤 사람이 사랑에 빠졌다는 것은 '매우 미쳤다'는 뜻이다. 이는 자아가 정상 작동을 멈추고, 현실을 검증하는 기능에 장애가 왔다는 의미이며, 그러기에 주위의 만류에도 불나방처럼 사랑이란 불꽃을 향해 뛰어든다. 흔히 혼자 있기 힘들어하는 사람이 이러한 열정적 사랑에 잘 빠진다. 이러한 사랑은 마약 성분에 가까운, 도파민의 과다 분비가 빚어낸 중독 상태에 가깝다. 그러나 열역학 제2법칙에 따르면, 뜨거운 물이 식을 수는 있어도, 식은 물이 자연 상태에서 다시 뜨거워지지는 않는다. 모든 열정은 결국 식는다.

그것이 열정적 사랑의 비극이다.

젊은 날에는 누구나 본질이 아닌 현상을, 실체가 아닌 허상을 사랑하게 된다. 이미 제 마음속으로 상대가 어떤 사람일 거라는, 대본을 짜듯 스스로 만든 환상과 왜곡된 이미지를 사랑하게 된다. 여행지에서 흔히 보이는 신혼부부와 연인의 커플룩, 이러한 일심동체의 욕망과 환상은 서로를 분리하여 상대를 환상이 아닌 그 자체로 보지 못하는 사람들의 안타까운 놀이다. 그런 사랑의 유효기간은 짧고, 비록 방부제를 듬뿍 친다 해도 썩지만 않을 뿐 더는 두 사람 모두 먹고 싶지 않은 빵처럼 변하기 마련이다.

제대로 사랑하려면, 먼저 스스로 만들어놓은 상대의 허상을 깡그리 무너뜨려야 한다. 그 폐허 위에 다시 차곡차곡 탑을 쌓듯 쌓아가면서 사랑은 비로소 시작한다. 허상을 부수는 것이 '인식'이라면 다시 쌓아 올리는 것이 '노력'이다. 하지만 어리석게도 우리는 상대에 대한 허상이 깨지는 순간, 실망과 혐오로 등을 돌리게 된다. 어쩌면 사랑은 이제 시작일 뿐인데.

영화 〈이터널 선샤인〉에서 클레멘타인은 연인 조엘에게 말한다. "나를 소유하겠다는 생각을 버리라"고. 에리히 프롬이 『소유냐 존재냐』에서 말했던 소유 지향적인 사람은 그녀를 사랑할 수 없다. 소유 지향적인 사람은 단순히

'어떤 것이 있다는 것'에 만족하지 않는다. 그것이 내 것이고, 내가 지배하고 군림해야 한다. 그럴 수 없다면 아무 의미가 없다. 젊은 날의 사랑은 소유 지향적이어서 종종 집착과 혼동이 된다. 누군가 내 마음에 든다면 잠자리를 같이해야 하고 자신이 가는 곳에는 상대를 껌처럼 붙이고 다녀야 한다. 하지만 소유물은 언제나 한계효용체감의 법칙이 적용될 수밖에 없다. 마치 원했던 장난감을 샀지만, 그 장난감을 사는 순간에만 욕망이 극대화될 뿐 이후로 점점 그 장난감에 싫증을 느끼는 것처럼. 반면에 존재 지향의 사람은 단지 '어떤 것이 있다'라는 사실만으로 행복을 느끼며, 사랑을 통해 자신이 성장한다. 혹여 상대가 아닌, 자신이 성장한다는 말이 이기적인 것이 아닐까 생각할 수 있으나, 사랑이라는 이름으로 상대를 소유하고 구속하는 것이 이기적일 뿐, 사랑으로 내가 성장하는 것은 이기적인 일이 아니다. 사랑은 일심동체의 환상을 버리고, 상대를 도와 각자가 독립적으로 성장하는 관계를 통해 결실을 맺는다.

영화의 마무리는 조엘과 클레멘타인이 기억을 잃고 처음으로 돌아가, 다시 운명처럼 연애를 시작한다는 희망의 암시를 던지지만, 현실은 그보다 훨씬 냉혹하다. 얼마나 많은 연인의 사랑이 권태로 위기를 맞고 싫증으로 종말을 고하는가. 이미 사랑의 유효기간이 끝났다고 생각한다면, 망각만큼 좋은 해결책은 없다. 망각이야말로 신이 결별한 연인에게 주는 최고의 선물이다. 그렇지 않다면, 권태로 초토화된 연인 사이를 복원하는 유일한 힘은 스스로 봉인한 기억뿐이다.

틈날 때마다 사진을 찍어두자. 비록 남은 사진 몇 장만이 쓸쓸한 흔적으로 남는다 해도, 훗날의 일을 누가 알까? 사진 한 장이 기억의 봉인을 푸는 열쇠가 될지. 아픈 갈등의 기억도 현실로 복원되면 아름답게 윤색되며, 모든 기억은 현재 상황에 따라 재구성된다. 물론 그전에 같은 실수를 되풀이하지 않으려면, 에리히 프롬이 강조한 '사랑의 기술'은 익혀두어야 하겠다.

혹시 사랑을 선택하기도 전에 이미 실패의 두려움에 주저하는 사람이 있다면, "실패는 경험을 남기지만, 포기는 후회만 남긴다."는 말을 상기하길. 사랑 앞에서 우리가 지닐 수 있는 용기는 감정이 아니라 인식과 의지의 영역에 속한다. '사랑을 잃고 무엇을 얻은들 소용이 있겠는가'라는 말은 젊은이의 치기 어린 푸념이나 노인들의 잿빛 회고담만은 아니다. 살아 있는 매 순간이 기적이요, 축복임을 깨닫는 데 사랑만 한 경험은 없다. 사랑을 하면 내가 왜 사는지 묻지 않고 알게 된다. 오늘날 청춘들이 사는 것을 지켜보면, 잠으로 바쁘고 고달프다. 그럼에도 이들이 젊은 날의 사랑만은 뒤로 미루지 말았으면 한다. 사랑은 언제 당신을 찾아올지 모른다. 우수수 떨어지는 꽃잎처럼, 쏟아지는 햇살처럼.

○　　　　　　　　　　잃어버린 고독을 찾아서

　주위에 부쩍 은퇴하는 사람이 많다. 은퇴를 생각하면 떠오르는 것이 무엇이냐는 설문조사에서 우리나라 응답자들이 가장 많이 택한 답은 외로움이었다. 우리가 돈과 건강보다 외로움을 먼저 걱정하는 것은 고립을 피하고 서로 밀접한 관계를 유지하려는 것이 인간의 본능이기 때문이다. 인간은 진화 과정에서 사회적 유대가 생존에 유리하다는 것을 터득하게 되었고, 그 결과 외로움을 고통스럽게 느끼도록 유전자가 형성되었다.

　친구들에게 초 단위로 문자메시지를 보내는 10대부터 페이스북과 트위터 등 소셜 네트워크 서비스(SNS)에 접속하는 어른들까지 모두 외로움의 고통에서 벗어나려 버둥대고 있다. 외로움을 망각하려 온라인과 오프라인을 넘나들며 교유하고, 대책 없는 소비와 쇼핑 중독, 유행에 빠져 허우적댄다. 사회학자 지그문트 바우만도 『고독을 잃어버린 시간』에서 혼자 지내는 법을 배우지 못하고 외로움을 잊어버린 우리 시대의 풍경을 비판하였다.

　특히 나이 늘어 현직에서 은퇴할 시기가 되면, 외로움에 익숙해져야 한다. 은퇴하면 명함부터 사라진다. 안정된 직장이 주는 소속감과 번듯한 직위가 주는 우월감은 누군가를 만나 건네는 명함 한 장에 집약된다. 굳이 말로 자신을 소개하지 않아도 되는 편리함 속에 은밀히 작동하는 명함의 힘이 사라지고, 그 공백은 외로움으로 채워진다. 자식들은 장성하여 독립하고, 일로 만난 관계는 일 없으면 떠나며, 힘에 복속되어 따르던 자들은 힘이 없어지면 등을 돌린다. 은퇴 후 20~30년을 더 살아야 하는 우리는 지금까지 인류가 은퇴하고 이렇게 오래 생존한 적은 없다는 사실, 그리하여 어떤 세대도 경험하지 못한 긴 외로움에 직면해야 한다는 현실을 인정해야 한다.

이제 외로움에서 나아가 고독을 만나야 한다. 영어로 외로움(loneliness)이 고립과 단절을 의미한다면, 고독(solitude)은 독립과 재생의 의미에 가깝다. 비슷하게 쓰이지만 뜻은 본질적으로 다르다. 그럼에도 고독사(孤獨死)라는 용어 때문인지 '고독'이란 단어가 우리에게 부정적으로 인식되고 있다. 원래 고독이란 말은 긍정적인 뜻이다. solitude의 어근인 sol은 본디 Sole, 즉 태양을 뜻한다. 고독에는 태양과 같은 유일하고 고유한 존재로서의 자존감이 서려 있다. 누구에게도 종속되지 않고, 완전한 자기 자신으로 존재하는 순간이 고독이다.

고독은 타인의 눈치를 보거나 비위를 맞출 필요 없이 오롯이 나에게 집중하는 즐거움이다. 고독은 사람들과 부대끼는 인간관계의 피로에서 벗어나 자신을 돌보고 자기 성장을 할 수 있는 건강한 상태이다. 외로움이 단절의 고통이라면 고독은 자유와 재생의 기쁨이다. 그래서 시인 황동규는 외로움을 통한 혼자 있음의 환희라는 뜻으로 '홀로움'이란 말을 새롭게 만들었다. 홀로움! 시인은 우리가 외롭다고 느끼는 순간이야말로 사실은 추억과 그리움에 잠길 수 있는, 행복한 순간이라는 역설적 의미를 시어로 전달하고 싶었던 것은 아닐까.

우리 시대에 관계는 많으나 진정한 소통이 드문 것은 사람과 사람 사이에 그리움이 없기 때문이다. 그리워 만나야 어쩌다 한 번 보아도 기쁘고, 그리워 만나야 보고만 있어도 행복하다. 의례적인 만남, 늘 비슷한 사람을 만나 비슷한 이야기를 반복하는 지루함 속에서 진정한 소통은 이루어질 수 없다. 그리움은 관계의 거리를 요구한다. 인간의 정서 중에서 그리움이 그토록 소중한 것은 사람과 사람 간의 아름다운 거리 때문이다. 그런데 관계의 거리만으로는 그리움이 싹트지 않는다. 내가 외로워야 누구든 그립다. 오롯이 홀로 있는 시간, 고독은 그리움을 만들고, 그리움이 소중한 관계를 만든다.

만약 혼자 사는 사람이 집에 들어오자마자 텔레비전부터 켠다면, 그것은 혼자 있기 두려워한다는 뜻이다. 외로움을 견디지 못하는 사람은 무리 짓기를 좋아한다. 혼자 있을 때 조용하던 사람도 무리 지으면 떠들썩하고 방종한다. 무리 짓기 좋아하는 자는 약한 자이며, 이런 자들이 모인 무리는 무례하기 마련이다. 혼자 있는 시간이 인간을 단단하게 만든다. 일고일고(一孤一高), 한 번 고독할 때마다 우리는 조금씩 나아간다. 우리는 고독을 거쳐 더 나은 자신이 되고 타인과 건강한 관계를 맺고 살 수 있는 힘을 얻는다. 혼자 있는 시간이 많은 사람이 타인에게 더 개방적이고 공감 능력이 높았다는 연구 결과는 이러한 사실을 방증한다. 관계에 지치면 어떤 타인도 소중할 수 없다.

혼자 태어나 혼자 죽는 인간에게 외로움은 숙명이다. 내가 누군가를 잊듯 누군가도 나를 잊을 것이기에 우리는 모두 외로운 사람이다. 그럼에도 자신을 동반자라 믿는 사람에게 고독은 힘이 된다. 두려워하면 외로움이고 두려워하지 않으면 고독이다. 다른 사람과 어울리지 않아 불안해하면 외로움이지만, 혼자인 시간을 선물로 여기면 고독이다. 외로움은 견디는 것이고 고독은 누리는 것, 기실 외로움과 고독은 다르지 않다. 외로움을 길들여 잃어버린 고독을 찾을 때 삶은 풍요로워지고 은퇴도 두렵지 않을 것이다.

○   원숙한 늙음을 고민한다

정조의 문체반정에 박지원과 함께 저항한 이옥(李鈺)은 정조로부터 괴이한 문체를 고치라는 명을 받으며 역사에 이름이 기록된다. 이옥이 남긴 「거울에게 묻는다(鏡問)」는 그가 49세 되던 해에 거울을 보며 늙은 자신의 모습을 응시하고, 늙음을 받아들이는 내용을 담은 글이다. 이옥은 정신이 좋아들고 안색은 말라가며, 살이 쇠락하고 피부가 주름지며, 안력이 흐릿하다며 거울에 비친 자신의 노화를 묘사한다. 기초화장품의 발달로 피부 노화는 그 시대보다 느려질지 몰라도 듬성한 머리카락과 심한 노안에 몸이 먼저 나이를 아는 시기가 중년이다. 오십 대도 아직 젊은 나이라며 동안 열풍과 안티에이징의 상업적 수사만 범람하는 시대에 우리는 깨닫는다. 인생은 아주 짧은 시간 젊음을 누릴 뿐이며, 수명이 늘어난 만큼 젊지 않은 시간이 훨씬 길다는 사실을. 그래서 꽃중년이란 말로 젊음의 유예와 중년의 퇴행 사이를 배회하기보다 원숙한 늙음을 위해 준비하는 것이 현명하다.

주말이면 아버지와 가끔 산책을 한다. 팔순의 아버지는

동네 놀이터 의자에 앉아 쉰이 넘은 아들에게 지난 이야기를 들려주며 곧잘 눈시울이 붉어진다. 아버지에게 깊은 상처를 남긴 친척과의 사건은 수십 번 들어 익히 안다. 아버지는 그 기억을 반복 강화하며 당신을 아프게 한다. 체험된 시간이 모두 기억으로 변하는 것은 아니다. 기억은 사진첩 속의 사진처럼 펼쳐 보는 것이 아니라, 무질서한 파편들을 현재의 관점으로 끊임없이 재구성하는 능동적인 과정이다. 기억은 결국 의지의 산물이며, 존재하지 않고 창조된다. 부정적인 감정은 간뇌의 편도체에서 유발된다. 우리가 어떤 경험을 비극적으로 받아들이지 않게 되면 전뇌의 영역들이 편도체를 통제하여 부정적인 감정을 억제한다. 그것이 용서다. 용서는 나를 상처 준, 너에게 베푸는 혜택이 아니라 나에게 주는 기억의 선물이다. 원숙한 늙음은 기억을 재구성하여 타자를 용서하는 삶이며, 그리하여 상처 입은 자아와 화해하는 삶이다.

노벨생리의학상 수상자인 알렉시스 카렐은 『인생의 고찰』에서 사람이 나이 들어 상실하게 되는 신체 능력은 30%에 불과하다고 말한다. 그의 주장에 따르면, 나이 들수록 인간의 신체 메커니즘은 완벽에 가까워진다. 주름은 피부 표면의 수분이 증발하는 시간을 늦추고, 자외선에 노출되는 면적을 줄인다. 나이 들어 키가 줄어드는 것은 불

필요한 골격을 줄여 에너지 소비를 절약하기 위함이며, 절약된 에너지는 심장과 뇌에 우선 공급된다. 겉으로 드러난 아름다움을 버리고 지속 가능한 생명체로 탈바꿈하는 과정을 노화라고 한다면, 카렐의 주장처럼 노화라는 말보다는 진화라는 표현이 더 어울릴 듯하다.

특히 정신의 신진대사는 나이 들어도 여전하다. 두뇌의 노화는 자극으로 충분히 늦추어진다. 두뇌를 쓰지 않으면 40세부터 능력이 감퇴하기 시작한다. 반면 평생 두뇌를 사용한 사람은 나이 들어도 기억력이 떨어지지 않고 높은 사유 능력을 지닌다. 그래서 『법구경』에서는 배우기를 힘쓰지 않은 채 세월 가는 대로 그저 나이만 먹어간다면 늙은 소와 같다고 일갈한다. 과거의 영화에 기대어 살거나 여전히 권력과 돈을 과시하려는 노인은 추하다. 욕망은 비우되 그 자리를 배움으로 채우는 것이 원숙한 늙음으로 가는 길이다.

노년이 좋은 것은 가족 부양을 포함한 대부분의 사회적 의무에서 벗어난다는 사실이다. 오직 자신에게 집중할 수 있는 시간은 인생에서 흔하지 않다. 하지만 의무에서 해방되어 아무 할 일이 없는 날이 오면 우리는 여유보다 공허함을 먼저 느낀다. 무료한 시간은 가치를 잃고, 흔적 없이 우리를 스쳐 지나가며, 우리는 그 안에서 방향을 잡지 못한다. 시간을 연구하는 학자들은 우리가 시간으로 느끼는 것이 사실은 정보의 양이라고 말한다. 우리의 시간 감각은 정보의 양에 의해 재구성된다. 시간의 길이는 우리가 새로운 것을 많이 경험하고 변화를 자주 마주할수록 길게 느껴진다. 자동차를 타고 낯선 곳을 찾아가 보면, 이상하게도 돌아오는 길이 더 가깝게 느껴진다. 처음에 갈 때는 좀 더 집중해서 주위를 살피지만 돌아올 때는 이미 알고 있는 길이라 건성건성 지나치기 때문이다. 이는 정보의 양으로 우리가 시간을 지각한다는 의미이다.

따라서 노년의 시간을 풍요롭게 하는 것은 과거와 화해하고 끊임없이 새로운 것을 배우고 경험하려는 노력이다. 예컨대, 엘더호스텔(Elderhostel)처럼 대학과 정부의 보조를 통해 각종 탐험과 여행, 자원봉사 등의 다양한 경험을 쌓거나 플라톤 소사이어티(Platon Society)와 같이 은퇴한 50대 이상이 모여 지식공동체를 만들어 자율적인 세미나 형식으로 공부하는 것은 어떨까. 이러한 외국의 사례가 우리에게 맞지 않다면, 공공도서관을 중심으로 노년을 위한 독서 모임을 만들어 책을 읽고 대화하는 것도 좋겠다. 지성으로 과거를 성찰하고 감성으로 젊은 세대와 공감하며, 지혜로 미래를 꿈꾸는 노년을 기대하며 원숙하게 늙는 법을 고민한다.

○ 　　　　　　　미더운 말은 아름답지 않다

 유난히 더운 여름을 견디게 해준 책과 영화가 있다. 미우라 시온의 장편소설 『배를 엮다』와 이를 영화화한 〈행복한 사전〉, 노자의 『도덕경』, 김찬호의 『눌변』, 레이 몽크의 『비트겐슈타인 평전』, 사이먼 윈체스터의 『교수와 광인』 등인데, 더러 예전에 읽은 책들도 있지만, 그 의미가 감자를 캐듯 연결되어 더위를 잊게 할 만큼 몰입의 즐거움이 컸다. 특히 미우라 시온의 『배를 엮다』는 2년 전에 읽은 책임에도 이시이 유야 감독이 만든 영화 〈행복한 사전〉의 잔잔한 감동을 잇고자 다시 읽게 되었다.

 〈행복한 사전〉은 출판사 사전편집부 사람들이 국어사전 『대도해』를 15년에 걸쳐 만들어가는 과정을 그린 영화이다. 영화는 원작의 탄탄함과 감독의 섬세한 연출력 덕분에, 지루할 것이란 예상을 깨고 재미와 감동을 주었다. 영화는 성실하나 실적이 부실한 출판사 영업부 직원 마지메가 사전 편집부로 이동하게 되면서 이야기가 시작된다. 숫기가 없어 10년 넘게 살아온 하숙집 할머니 이외에는 대화를 나눈 사람조차 별로 없던 그가 사전 편집부 직원들과 마음을 나누고, 짝사랑하는 하숙집 할머니의 손녀에게 조금씩 다가간다. 나는 영화를 보는 내내, 어느 정도의 속도로 다가가야 그녀의 마음과 만날 수 있을지 고민하는, 그의 머뭇거림이 좋았다.

마지메는 눌변이라 영업부에서는 무능할 수밖에 없었다. 자기 생각을 조리 있게 말하거나, 화려한 수사와 언설로 사람들의 이목을 집중시키는 말솜씨는 현대 사회에서 가장 필요한 능력이다. 스피치 학원이 성업 중이고, 취업 면접을 위해 말하기를 학습하는 시대에, 더듬거리는 서툰 말솜씨를 가리키는 눌변은 무능처럼 보인다. 하지만 옛날에는 '눌변'이 부정적인 의미를 담고 있지 않았다. 옛사람들은 '빈 수레가 요란하다'는 말로 오히려 겉만 번드르르한 능변을 탐탁지 않게 여겼고, 너무 말을 유창하게 하는 사람은 오히려 경계 대상이었다.

말이란 우리 몸 안에서 부는 바람으로 시작한다. 우리 몸 안에 바람이 일어, 그 바람이 목을 거쳐 밖으로 나오면 말이 되고, 내 안에 고요히 잦아들면 침묵이 된다. 사유를 멈추지 않되 내 안의 바람을 스스로 잠재울 수 있는 자가 침묵하는 자이다. 침묵이 금인 이유는 침묵이 그저 말 없음이 아니라, 내 안에서 생각을 되새기고 곰삭혀 더 큰 말들을 만들어내는 힘이 있기 때문이다. 철학자 비트겐슈타인이 『논리철학논고』를 마무리하며 "말할 수 없는 것에 대해서는 침묵해야 한다"고 한 것도 침묵으로 자기 한계를 겸허히 인정하고 극복하고자 했기 때문이다.

말은 효과적으로 생각과 감정을 전달하는 도구이기에 말이 언어가 되려면 자기 생각과 감정을 담은 적확한 단어를 골라야 한다. 영화에서 대도해 편집주간의 말처럼 단어의 바다는 끝없이 넓고, 사전은 그 너른 바다에 떠 있는 한 척의 배와 같다. 인간은 사전이라는 배로 경험과 사유의 바다를 건너 자신의 마음을 적확히 표현해줄 말을 찾는다. 옥스퍼드 대사전이 나오기 전에는 사전이 없어, 셰익스피어조차 희곡을 쓸 때마다 자신이 사용하는 어휘가 적절한지 매번 고민해야 했다.

마지메는 사랑하는 여인에게 편지로 고백한다. 늘 사전을 옆에 끼고 사는 마지메는 마음의 속도를 늦추고 사전에서 가장 적확한 단어를 골라 사랑을 엮는다. 단어 하나 고르는 데 고민을 거듭하며 글로 마음을 고백하는 장면에서, 세상의 모든 연애편지는 눌변일 수밖에 없다는 생각이 든다. 이메일의 형태라 하더라도 단어 하나하나를 가려가며 느리고 신중하게, 언어 속에 자신의 마음을 담는 편지 쓰기는 모두 눌변이 아닐까.

노자는 『도덕경』에서 대변약눌(大辯若訥), '최고의 언변은 말을 더듬는 듯하다'고 하였다. 캐나다 총리를 세 번 연임한 장 크레티앙은 어릴 때 앓은 얼굴근육 마비장애의 후유증으로 늘 어눌한 말투로 말할 수밖에 없었다. 선거 과정에서 누군가 그의 눌변을 비판하자, 장 크레티앙은 느리지만 단호하게 말했다. "저는 말을 잘하지 못합니다. 하지만 거짓말도 하지 않습니다."라고.

어느 곳이든 자신의 부실함을 번듯한 말로 포장하는 사람이 있다. 이들은 직장 내에서도 말을 아름답게 꾸며 윗사람의 환심을 사고, 자신이 한 일을 티를 내고자 과잉기표를 동원하여 주위에 알리는 데 능숙하다. 그리하여 묵묵히 본연의 업무에 충실한 동료들을 주변부로 밀어낸다. 적확한 단어들은 사전 속에 박제되고, 오용된 단어와 화려한 수사, 진정성 없는 능변이 사람들을 현혹할 때 우리는 침묵과 눌변이 그립다.

마지메는 15년 동안 26만 개의 단어를 찾아 사전을 엮으며, 다섯 번을 꼼꼼하게 읽고 교열했다. 수많은 어휘를 자신 안에 축적하고 용례를 만들었지만, 중년이 된 그는 여전히 눌변이다. 그는 그저 조용히, 자신의 자리에서 책무를 다할 뿐이다. 느리고 서툴지만, 가끔 건네는 그의 말을 아내는 물론이고 직장 동료들은 신뢰한다. 그의 말은 거짓이 없고, 자신이 한 말은 반드시 책임지기 때문이다. 노자는 『도덕경』의 끝에서 "미더운 말은 꾸며 아름답지 않고, 꾸며 아름다운 말은 미덥지 않다(信言不美 美言不信)"고 하였다. 무더운 여름을 보내며, 꾸미지 않고 믿음직한 말들을 듣고 싶다.

○　　　　　　　　　　　　소설을 읽는 이유

　나는 어릴 때부터 소설 읽기를 좋아했다. 매번 밥상머리에서도 소설책을 놓지 않아 어머니께 야단도 많이 맞았다. 내가 그토록 소설을 좋아했던 이유는, 소설에는 이야기가 있고 그 이야기를 읽으며 경험한 즐거움은 세상 어떤 것과도 바꿀 수 없었기 때문이다.

　발터 벤야민은 「얘기꾼과 소설가」라는 글에서 이야기꾼의 원조가 농부나 선원이었다고 말한다. 농부의 시간적 경험과 선원의 공간적 경험은 이야기로 꾸며져 지혜나 조언을 전달하고 전승한다. 저녁이면 삼삼오오 모여 노인의 이야기에 귀 기울이고, 긴 항해를 마친 배가 입항할 때마다 사람들이 모여 선원의 경험담을 듣고자 하는 것도 바로 이야기의 힘 때문이다. 이야기라는 양념으로 버무린 삶의 지혜나 조언은 사람들에게 즐거움과 유익함을 함께 제공했을 것이다.

　지금도 나는 소설을 읽는 첫 번째 이유가 즐거움이라 생각한다. 우리 고전에 정통한 정민 교수는 『책 읽는 소리』에서, 조선시대 양반가의 주요 혼수 품목 중의 하나가 소설

책이었다고 말한다. 소일거리가 부족했던 시대에 소설 읽기야말로 최고의 즐거움을 선사했을 듯하다. 결국 소설을 읽으며 즐겁지 않다면 독자는 독서를 중단할 것이고, 그 소설은 본질적 가치를 상실하게 될 것이다.

소설 읽기의 일차적 목적이 즐거움이란 명제는 소설이란 장르적 특징보다는 소설의 '이야기'에 초점을 맞추고 있다. 게오르크 루카치가 『소설의 이론』에서 말했듯, 서사시의 시대가 저물고 근대적 소설의 시대가 태동하며 소설은 즐거움을 제공하는 데 그치는 것이 아니라 허구 뒤에 숨겨진 삶의 총체성을 언어로 발굴하여 인생의 진실을 보여주어야 하는 사명감을 지니게 되었다. 그 무거운 사명감이 오늘날 소설을 독자로부터 멀어지게 한 이유일지도 모른다.

그런데 소설의 위기를 고민하는 한편에서는 이야기의 범람이 목격된다. 이야기는 디지털 매체의 발달과 함께 스토리텔링으로 변신하여 문화콘텐츠의 주요 구성 요소로 자리하고 있다. 소설이란 장르는 몰락의 길을 걷는다 해도 이야기 없는 문화란 상상할 수가 없다. 그런데 이야기는 영화, 드라마, 만화, 디지털 게임을 통해 충분히 제공되고 있어 언어로 재현되는 이야기로서의 소설이 지니는 지위는 급격하게 추락하고 있다. 즉 소설의 위기는 이야기의 위기가 아니라, 이야기를 점유했던 소설의 우월적 지위의 위기이며 근대 이후 소설이 자임했던 인식과 탐구 도구로서의 위기, 혹은 문학적 재현을 통해 세계를 바꿀 수 있다는 신념의 위기로 보아야 할 것이다. 그렇다면 소설책 말고도 이야기의 즐거움을 누릴 수 있는 매체가 많음에도 우리가 여전히 소설을 읽어야 하는 이유가 있을까.

그 고민의 지점에서 아리스토텔레스가 『시학』에서 언급한 카타르시스를 떠올린다. 아리스토텔레스는 『시학』에서 "비극의 재현은 이야기가 아닌 극의 등장인물에 의해 이루어지며 연민과 두려움을 재현함으로써 그러한 종류의 감정에 대한 카타르시스를 실현한다"고 하였다. 『시학』에 처음 등장한 카타르시스라는 용어는 지금까지 정화(淨化)와 순화(純化)의 상반된 의미로 이해되었다. '정화'로서의 카타르시스는 "동종이 동종을 쫓아낸다"는 동종요법(homeopathy)과 관련이 있다. 예컨대, 열병을 치료하기 위해 몸을 더 뜨겁게 하고, 추위를 이겨내기 위해 몸을 더 차게 하는 것, 슬플 때 슬픈 영화를 보듯 감정을 배설하고 위안을 얻는 것이다. 이러한 이론은 프로이트 이후 치료의 개념으로 발전하게 되는데, 프로이트와 그의 스승인 브로이어는 '카타르시스 요법'을 창안하여 고통스러운 어린 시절의 경험을 재구성함으로써 정화하는 방법을 사용했다.

반면에 '순화'라는 개념은 해로운 감정을 조절하고 훈련시킴으로써 그러한 감정들을 다스린다는, 아리스토텔레스의 『니코마코스 윤리학』에 개진된 윤리학적 입장과 관련되어 있다. 즉 순화의 관점에서 카타르시스는 일종의 도덕적 조절작용(moral conditioning)이 된다. 군인들이 전쟁에서 수없이 죽음을 목격한 후 죽음의 두려움을 극복하듯이, 비극의 관객도 연민과 두려움을 불러일으키는 인생의 사건들을 비극을 통해 목격함으로써 그러한 사건들 앞에서 유연하게 될 수 있다는 것이다. 어린이 동화에 끔찍한 이야기가 많은 것이 어른이 되어 겪어야 할 일을 미리 알게 함으로써 무의식적으로 대비하게 만든다는 주장도 순화론의 영향이다. 예쁜 구두를 탐한 죄로 결국 춤을 멈추지 못하고 사형집행인의 도움을 받아 도끼로 다리를 자른다는 『빨간 구두』 등 전래 이야기를 바탕으로 한 많은 동화들이 어른의 잔인한 세계를 미리 체험하게 한다. 순화론은 도덕적 교훈이나 도덕적 학습의 개념을 포함하는 것이다.

비극의 사건들은 "억울한" 것이기에 연민을 불러일으키고 그 사건이 우리에게도 닥쳐올지 모른다는 것을 우리가 두려워하기에 부당한 불행을 겪는 타인의 두려움이 결국 우리의 연민을 자아낸다. 우리에게도 그런 일이 닥쳐올 수 있기 때문이다. 따라서 두려움은 자신의 입장에서, 연민은 타자의 입장에서 고통을 느끼는 것이다.

소설을 읽는 독자는 작가가 체계적으로 배열한 사건들 사이에서 관계를 지배하는 원리를 깨닫고 무언가를 배우고 인지하게 된다. 즉 기대와 반전 그리고 인지(認知)라는 긴장과 이완의 과정을 거치면서 "이런 일들이 어떻게 일어나게 되었는가" 하는 것을 알게 됨으로써 독자는 즐거움을 얻게 되며 그로 말미암아 사건 자체에 대한 연민과 두려움이 제거된다. 이는 일종의 '통찰체험(insight experience)'이라 할 수 있다. 소설을 읽을 때 발생하는 비극적 체험은 실제 체험과 달리 고통을 주는 것이 아니라 즐거움을 준다. 소설을 읽고 비슷한 유형의 비극적 체험을 거듭하게 되면, 독자는 일반적이고도 보편적인 원리를 깨닫게 된다. 이러한 깨달음의 학습은 연역적 사고에 의해 보편적 전제로 발전하고 이를 통해 독자는 다시 개별적이고도 특수한 비극과 맞닥뜨려도 연민과 두려움을 극복하는 통찰을 지니게 된다.

그런데 비극의 원리로서 카타르시스에 대한 '순화'의 논리, 즉 학습을 강조하다 보면 교훈을 강조하는 소설이 카타르시스를 효과적으로 가져올 수 있다는 오해가 생긴다. 하지만 독서 행위 없이 카타르시스가 있을 수 없다는 것을 전제한다면 독자의 읽는 즐거움 없이는 '순화'의 학습도 의미가 없다. 즉 저자의 의도나 작품의 의미보다 독서와 독자의 역할이 더 중요한 것이다.

늘 똑같은 길을 걷다 보면 긴장도 없고 재미도 없다. 낯선 길, 혹은 익숙한 길이라도 걷다가 길을 잃고 헤매다 제대로 길을 찾을 때의 즐거움이 크다. 누구라도 짐작할 수 있듯, 진부한 의미는 더 이상 카타르시스를 주지 못한다. 갈등과 극적 반전, 결말로 이어지는 줄거리 구성은 '긴장과 이완'을 통해 문학 특유의 카타르시스를 만들어낸다.

정화가 동일시의 즐거움이라면 순화는 소설의 세계에서 빠져나와 관조하는 즐거움이다. 의미 있는 독서 경험은 독자가 다른 눈으로 세계를 보게 한다. 작가는 소설 속에 수많은 질문을 숨겨두었고 독자는 그 질문을 찾아가는 여정을 마다하지 않아야 진정한 독서가 된다.

카타르시스는 관습과 규범의 억압을 풀어놓고 결핍을 충족하며, 무지에서 벗어나 고정관념을 뛰어넘는 가치를 추구하여 앎의 세계로 진입하는 즐거움이다. 그 즐거움은 다른 분야가 제공하는 즐거움과 달리 섬세한 상징과 은유가 엮어내는, 소설과 같은 이야기의 담론에서 발생하기에 독자의 삶에 깊이 관여한다. 독자는 소설을 읽으며 세계를 이해하고 자신의 삶을 이해한다. 그렇게 소설을 읽고 삶의 뜻을 다시 풀어보고, 행동을 통해 자기 삶을 새롭게 만들어나가는 과정이 카타르시스이다. 우리가 여전히 소설을 읽는 이유는, 우선 즐겁고, 나아가 카타르시스를 통해 자신을 치유하여 삶을 새롭게 만들어 갈 수 있기 때문이다.

○   우리는 왜 환상문학을 읽는가

여름을 맞아, 몇 년 전에 읽었던 켄 리우의 『종이 동물원』과 김성중의 『국경시장』을 다시 읽었다. 책을 거의 읽지 않는 학생들도 톨킨의 『반지의 제왕』이나 조앤 롤링의 『해리포터 시리즈』를 권하면 흥미롭게 읽곤 한다. 특히 『해리포터 시리즈』는 모르는 사람이 드물 만큼 세계적인 베스트셀러이고, 북한의 조선작가동맹중앙위원회 기관지인 〈문학신문〉마저도 "어린이들에게 자기 힘과 능력으로 앞길을 개척해 나가야 한다는 사상을 보여준다"라며 칭찬할 정도이다. 우리에게 잘 알려진 『반지의 제왕』이나 『해리포터 시리즈』는 물론이고, 이번에 다시 읽은 『종이 동물원』, 『국경시장』과 같은 소설을 '환상문학'이라고 한다.

환상문학은 초자연적인 가상의 세계에서 일어난 사건이나 현실에 있을 수 없는 사건을 소재로 한 문학작품을 뜻하며, 이를 처음으로 개념화한 것은 구조주의자 츠베탕 토도로프이다. 토도로프는 프랑스의 문예비평가이자 철학자인 롤랑 바르트의 제자로 변방에 머물렀던 '환상문학'을 문학연구의 중심석 반열에 올려놓은 문예이론가로 꼽힌다. 그가 1973년 펴낸 『환상문학 서설』은 『아라비안나이트』, 프란츠 카프카의 『변신』처럼 환상을 바탕으로 한 문학작품의 구조적 특징을 파헤친 명저로 알려져 있다.

환상문학은 대부분 흥미로운 서사 속에 교훈을 숨겨두고 있다. 교훈을 좋아하는 독자는 드물다. 그래서 사람들이 책을 계속 읽게 하기 위해서는 결국 환상이 필요하다. 좋은 환상문학은 어른은 물론이고, 아동이나 청소년에게 유익하다. 환상문학 책들은 인간의 욕망이 인간 실존을 위협하는 세태를 환상적으로 서사화하며, 우리 시대에 윤리란 무엇인지 독자에게 묻는다. 만약 이러한 작가의 주제의식이 환상의 조력 없이 구현되었다면, 독서를 멈추지 않고 지속할 독자는 많지 않을 듯하다. 요즘 교훈만을 얻고자 책을 읽는 독자는 드물 것이기에.

독자들 중에서는 환상문학을 청소년용 스낵 리터러처(snack literature, 잠깐 즐겁게 소비하는 문학)로 폄하하는 이도 있다. 환상은 미메시스(mimesis, 재현)와 함께 모든 문학과 예술을 떠받치는 기둥이다. 환상성을 배제한 예술과 문학은 상상력의 빈곤에 시달릴 수밖에 없다. 현실의 금기와 경계를 넘어 이야기를 펼치는 환상문학은 그야말로 환상적이다.

환상문학에서 기존 규범을 깨뜨리는 저항적인 미적 경

험은 환상의 저항적이고 전복적인 가치와 밀접하다. 또한, '여백과 공백'이 풍성한 환상문학 책은 독자가 그 빈틈을 채우며 끊임없이 텍스트에 말을 걸게 한다. 작가가 독자의 적극적 해석을 고려하여 의식적으로 남겨 놓은 빈자리가 여백이고, 작가의 의도와 무관하게 무의식적으로 들어가는 빈자리가 공백이다. 과도하게 교시적이거나 독자에게 창조적 해석의 가능성을 열어두지 않는 책은 권태롭다. 이는 환상문학뿐 아니라, 대부분의 텍스트에 요구되는 조건임이 분명하나, 특히 교훈성을 중시하는 환상문학에 더욱 엄격히 적용될 수 있다. 이러한 책을 읽는 독서 활동은 관성에 빠지게 되며 독자는 결국 독서에 흥미를 잃어 간다. 이와 반대로 과도하게 어려운 텍스트는 독자를 억눌러 운신의 여지를 주지 않는다. '여백과 공백'의 부재와 과잉 모두 독서 활동에 방해가 된다는 의미이다.

환상은 현실과 무관하지 않다. 환상은 삶의 세계가 특정한 현실 개념에 의해 고정화되는 것을 저지하는 항체 역할을 하며, 가르치지 않고 독자를 설득하는 역할을 한다. 현대의 작가들은 물질적 리얼리티의 영역만으로 불충분하다는 사실을 인식하고 있다. 그렇기에 독자의 상상에 영향을 주는 환상의 복합적인 힘을 개척하고자 다양한 방식을 고민하고 있다. 본격문학의 영역에서 활동하는 국내 작가 중에서도 환상을 주요 서사 전략으로 하여 작품을 꾸준히 발표하는 작가가 생겨나고 있으며, 웹소설, 웹툰 등을 창작하는 작가들은 환상을 적극적으로 활용하고 있다.

　문학은 이야기의 보고(寶庫)이며, 그중에서도 가장 '상상력이 강조된 문학'이 '환상문학'이다. 낯선 배경과 사건 속에 놓인 인간의 서사를 읽으며, 독자는 언어의 한계를 상상력으로 넘어서며 이야기 속 인물을 공감하고 해석한다. 타자를 공감하는 능력은 인간의 상상력에서 시작하며, 환상문학은 이러한 인간의 상상력을 확장함으로써 가장 먼 타자마저 공감하게 하는 힘을 지니고 있다. 공감 없이 윤리의 내면화는 존재할 수 없다. 좋은 환상문학을 만난 독자는 텍스트에 나타난 개별적 상황에서 최선의 선택을 판단하는 실천적인 덕, 즉 메소테스를 경험하고, 그 과정에서 재형상화를 거친 독자의 윤리는 공동체 속에서 개인의 품성으로 자리 잡는다. 특히 청소년들이 좋은 환상문학을 읽어야 하는 이유가 여기에 있다.

　독서의 관점에서 좋은 환상문학은 진부하지 않고, 독자의 삶과 처한 현실을 다르게 바라보는 법을 알려주는 이야기, 독자의 자유를 존중하여 다양하고 풍성한 해석을 열어 주는 이야기, 공감과 감동을 바탕으로 세계와 자기를 이해하도록 이끄는 이야기, 좋은 삶에 대해 숙고하게 하는 이야기, 무엇보다 그러한 성찰을 통해 실존적 상황에서 어떤 선택을 해야 할지 도움을 주는 이야기여야 한다.

환상문학을 담은 멋진 책은 너무 많지만, 우선 두 권의 책, 켄 리우의 『종이 동물원』과 김성중의 『국경시장』을 추천한다. 켄 리우는 2012년에 환상문학 분야에서 휴고 상과 네뷸러 상, 세계환상문학상을 모두 수상한 최초의 작가이다. 국내 번역된 단편소설집 『종이 동물원』은 600쪽에 이르는 분량에도 한 편의 단편도 버릴 것 없이, 독자에게 읽는 즐거움을 선사한다. 김성중의 단편소설집 『국경시장』도 작가의 기발하고 개성적인 상상력과 환상적 기법이 놀랍다. 켄 리우의 『종이 동물원』과 김성중의 『국경시장』, 이 두 권의 환상문학을 읽으며 우리가 왜 환상문학을 읽는지 생각해보았으면 한다.

그래도 안다는 것
책을 통해 얻는 앎의 가치들

○ 독서의 위기는 민주주의의 위기이다

　레베카 크누스의 저서 『20세기 이데올로기, 책을 학살하다』의 원제는 'Libricide'이다. '책 학살' 정도로 해석할 수 있는 이 낱말은 우리에게 낯설다. 리브리사이드는 분서(焚書)라는 뜻의 Book Burning, Biblioclasm 등과 같이 책과 도서관을 대량으로 파괴하는 행위를 의미한다. 레베카 크누스는 이 책에서 20세기 이후 책의 학살이 얼마나 치밀하고 정교하게 합법성을 갖추며 이루어졌는지 분석하였다. 책은 학살되기 전에 오랫동안 금지되기도 하였다. 베르너 풀트는 『금서의 역사』에서 금서의 역사는 권력에 대항해 언어가 거둔 승리의 연대기이며, 책에 저장된 인류 기억의 생존사라고 말했다. 이처럼 분서와 금서의 역사에서 알 수 있듯, 책은 태생적으로 정치적일 수밖에 없었다.

　학교 생활기록부 취미란에 독서 혹은 음악감상을 주로 썼던 세대가 있다. 중학교 때였다. 취미란에 '독서'라고 썼다가 당시 수학 과목을 담당하셨던 담임선생님께 크게 야단맞은 친구가 있었다. 선생님의 논리는 간명했다. 독서는 한가할 때 즐기는 취미가 아니라, 학생이면 반드시 해야 하는 필수 행위라는 것이었다. 따라서 취미란에는 독서가 아닌 다른 것을 써야 한다는 뜻이었다. 반 아이들에게 독서, 특히 고전읽기를 강조했던 수학 선생님의 의중은 어린 나이에 짐작하기 어려웠으나, 그 말을 반 전체 학생이 들으라는 듯 진지하게 말하던 담임선생님의 표정은 지금도 잊지 못한다.

한국의 독서문화사를 살펴보면, 일부 기득권층이나 지식인이 아닌, 모든 계층이 보편적으로 책을 읽는 시대는 근대 이전에 존재하지 않았다. 사실 근대 이전에는 문맹에 가까운 사람들이 다수를 차지했다. 더군다나 일제강점기와 한국전쟁을 겪으며 영토만 황폐화된 것이 아니라, 우리의 지적 수준과 문해력 또한 저하될 수밖에 없었다. 1960년대 정권을 잡은 군사정부는 경제개발을 위해 국민을 대상으로 계몽을 강조했고, 그 방편으로 문맹 퇴치와 독서를 강조했다. 국민정신 개조를 계획하며 국민교육헌장을 선포하고, 10월 유신 체제로 나아갔던 개발독재시대에, 우리 독서문화에 큰 영향을 끼친 대중독서운동이, 1968년에 시작하여 1975년까지 지속된 '자유교양대회'였다.

당시 전국적인 독서 열풍을 일으켰던 자유교양대회를 기억하는 이들이 지금도 많다. 책이나 인터뷰 기사를 읽다 보면, 학교 대표나 지역 대표를 선발하는 과정에 참여하여 밤늦게까지 고전도서를 읽었다는 증언이 많았다. 『홍길동전』, 『임진록』, 『삼국유사』, 『택리지』, 『논어』, 『소크라테스의 변명』, 『프로타고라스』 등이 대상 도서였다.

고전읽기 중심의 독서운동이 당시 갑작스러운 기류는 아니었다. 시카고 대학 총장 허친스가 추구했던 자유교양교육의 이념은 1960년대 미국과 유럽 교육에 깊은 영향을 주었고, 제도교육이 인격 형성에 도움이 되는지 근본적인 의문이 제기되면서 그가 자유교양교육을 실천하는 방법으로 제시한 것이 고전읽기였다. 이를 국내에 이식하고자 했던 지식인과 교육자들은 1968년 고전읽기 독서운동으로 자유교양대회를 주최하였고, 국가권력은 이를 장려하여 정권 유지의 수단으로 삼으려 했다. 하지만 이 대회는 당시 교육 환경의 한계를 벗어나지 못했고, 고전을 보급하는 과정에서 판매 비리가 드러나 8년 만에 폐지되었다. 자유교양대회는 국가 주도의 독서운동으로 이만한 것이 없었다는 평가를 받으며 국민독서율의 비약적인 성장을 이끌었으나, '개발독재에 국민을 동원하기 위한 관변 교양독서운동'이라는 멍에를 쓰고 역사 속으로 사라졌다.

자유교양대회의 파장과 의미는 컸다. 무엇보다 우리 현대사 최초로 독서세대를 형성하는 주요 계기가 되었다는 점에 주목할 필요가 있다. 출판평론가 표정훈은 "잡지 『학원』(1952년)과 자유교양대회(1968년), 삼중당문고(1975년)를 우리나라에서 독서세대를 가능케 하는 계기들"이라 평가하였다. 여기서 독서세대란 공통의 독서 경험을 한 세대를 일컫는다.

 자유교양대회가 가장 활발했던 시기에 초중고교와 대학생들의 독서량은 자유교양대회를 막 시작한 1968년 독서량 조사와 비교해 10배 이상 늘어났다. 자유교양대회 2회 시기인 1969년은 '중학교무시험진학제'가 시작되어 초등학생들의 정서와 인성을 위해 교육과정에서 독서가 강조되었다. 당시 초등학생 13,700명이 자유교양대회에 참가하여 고전읽기가 초등교육 전반에 영향을 미치기 시작했다. 1969년부터 강원, 제주, 전남 등 벽지학교의 참여로 전국 대회의 규모를 갖추었고, 교원과 성인의 참여율도 높아졌기에 독서량 증가와 함께 초등학생부터 성인에 이르기까지 전국 규모의 고전읽기 열풍이 일었다. 특히 교육정책과 교육과정에 고전읽기가 도입되어 재미를 추구하는 베스트셀러 중심의 독서를 넘어 깊이 있는 독서를 요구하는 독서문화가 형성되기 시작했다.

 1970년대 중후반부터 대학생들의 독서운동이 대학 안에서 활발하게 일어났고, 1980년대 들어 대학생들 사이에 『해방전후사의 인식』, 『자본주의 발달사』, 『노동의 역사』,

『전환시대의 논리』와 같은 책이 베스트셀러로 주목받았던 것은 우연이 아니었다. 이러한 책들은 이전 소설과 수필 중심의 베스트셀러들과 비교할 때 쉽게 접근할 수 있는 대중적인 책들이 아니었다. 1970년대 자유교양대회로 표상되는 고전읽기 열풍을 청소년기에 경험한 세대가 독서세대를 형성하며 대학 진학 후 이러한 책을 찾게 되었음을 짐작할 수 있다. 자유교양대회는 운영과 평가 방식에서 의무와 강제에 따른 문제점들이 있었으나, 초등학생부터 성인에 이르기까지 전국적인 고전독서 열풍이 일어, 결과적으로 우리나라 독서세대 형성에 중요한 계기가 되었다.

자유교양대회는 1960년대 미국과 유럽의 교육에 깊은 영향을 끼친 허친스의 자유교양교육을 우리에게 이식하고자 만든 대회였다. 허친스는 사회에 적응하는 인간이 아니라, 사회에 능동적으로 대처하는 의지와 능력을 갖춘 사람을 만드는 것이 자유교양교육의 임무라고 보았다. 나아가 허친스는 이 사회가 옳은 체제인지 그렇지 않은지 분별할 수 있는 주체적이고 능동적인 판단력과 가치 감각을 지닌 자유인간을 양성하는 것이 자유교양교육의 길이라 여겼다. 국가 권력은 자유교양대회를 도구로 하여 국민교육헌장과 유신 체제에 적합한 정신 개조를 추진했지만, 대회의 지속은 당시 국가권력의 입장에서 불편할 수밖에 없었다.

주입식 교육으로 입시 경쟁에 몰두해야 할 학생들이, 산업 사회에 적합한 직업 교육을 받아 성실한 산업 역군이 되어야 할 학생들이 고전을 읽고 토론하며, 그에 관해 글을 쓴다는 것은 10월 유신으로 장기 집권을 계획하는 정권과 어울리지 않았다. 10월 유신 체제와 자유교양대회는 공존할 수 없었다. 1970년대에 본격적으로 형성되기 시작한 이른바 '독서세대'는 1980년대 이후 군사독재에 맞서 민주주의 토양을 일구는 주축으로 성장하게 되었다.

표정훈의 지적처럼, 독서세대가 끊어진 시대와 사회는 공론 형성의 수단이 되는 지식통화가 증발한 시대이며, 이렇게 최소한의 지식 기반이 허약해진 사회는 위태롭다. 인지신경학자이자 아동발달학자인 매리언 울프는 『다시, 책으로』에서 민주주의를 위협하는 것은 모든 시민이 지적 능력을 발휘해 자신의 견해를 형성하도록 교육하지 못하는 것이라고 하며, 독서의 위기가 곧 민주주의의 위기임을 경고하였다.

조지 오웰이 디스토피아를 다룬 소설 『1984』에서 통찰했듯, 과거를 지배하는 자가 미래를 지배하며 현재를 지배하는 자는 얼마든지 과거를 조작하여 지배할 수 있다. 『1984』에서 권력자들은 개인의 자유 의지와 감정, 일상을 통제하고자 인류의 보편적 진리를 담은 기록들을 통제하고 왜곡하는 방법을 사용한다. 오늘날의 통제는 은밀하고 집요하여, 그것이 통제인지, 그에 따라 자신의 개인 의지가 어떻게 잠식당하는지 인식하기 쉽지 않다. 우리는 미셸 푸코가 경고했던 '규율권력'을 내면화하며, 자발적 동의와 선량한 침묵 속에 자신을 방치하거나, 맹목과 방관 사이에서 자유의지를 방기한다. 기존 사회에 그저 적응하는 사람이 아니라, 이 사회가 옳은 체제인지 그렇지 않은지 스스로 판단하고, 사회에 주체적이고 능동적으로 대응하는 자유인간은 오늘날에 더욱 요구된다. 인간의 자유 의지가 억압되고, 서로 다른 나와 너가 공존할 수 없는 세상이 바로 디스토피아다. 깊이 있는 독서와 사유로 성장하는, 그리하여 왜곡과 선동에 흔들리지 않는 자유인간이 미래 세대가 될 때 우리 민주주의도 더욱 단단해질 수 있지 않을까 한다.

○　　　　　　　　　　지지위지지 부지위부지

　누구나 이번 생은 처음이고, 인생은 내 발길이 닿은 적 없는 오지(奧地)다. 그래서 우리는 살아가기 위해 알아야 하며, 이러한 앎이 곧 지(知)이고, 심리학에서는 이를 인지(認知)라 한다. 호모 사피엔스의 생존은 다양한 지식의 축적 덕분이었다. 우리 선조들은 혹독한 환경 속에서 생존하고자 양식을 저장하듯, 당장 쓸모없는 지식이라도 일단 저장해두었다. 본래 쓸모란 때와 곳의 개념이며, 언제 어디서 쓸모 있을지 아무도 모른다. 오늘날 우리가 스마트폰을 보며 이런저런 잡다한 정보를 탐색하는 것도 인간이 진화 단계에서 체득한 생존 본능 때문이다.

　스마트폰 덕분에 알고 싶은 것과 아는 것 사이의 간극이 사라진 시대, 지적 허기가 즉석식품처럼 쉽게 충족되는 시대, 그런데도 박학한 자들이 텔레비전에 출연해 알아두어도 쓸데없는 지식의 향연을 펼치면 사람들은 즐거워한다. 이는 일종의 '유사 독서 행위'이다. 다양한 분야의 책을 한꺼번에 읽은 것 같은 만족감은, 요즘 대중이 열광하는 인문학 강의를 듣는 것과 유사하다. 문자로 지식과 사유를 구축하는 글쓰기도 힘들지만, 이런 글을 다시 자기 생각으로 풀어 수용하는 책 읽기도 힘든 건 마찬가지다. 독서의 번거로움과 힘겨움 대신 지식을 쉽게 얻고 싶은 욕구를 지닌 사람들이 강연장으로 몰려들고, 지식과 교양을 담은 텔레비전 프로그램을 본다.

그렇다면 도대체 앎이란 무엇인가. 공자는 『논어』 위정 편에서 아는 것을 안다고 하고(知之爲知之), 모르는 것을 모른다고 하는 것(不知爲不知), 이것이 아는 것(是知也)이라 말한다. 공자의 제자 자로는 평소 스스로 체득한 지식이 아니라 남에게 들은 말을 자기 지식인 양 여기며 말하는 습성이 있었다. 자로는 순자(荀子)가 말한, 귀로 들어와 마음에 붙어 온몸으로 퍼져 행동으로 나타나는 군자의 앎이 아니라, 귀로 들어와 입으로 나오는 소인의 앎에 치중한 셈이다. 그래서 공자는 내 것이 되지 못한 남의 앎을 수다스레 옮기는 것은 진정으로 아는 것이 아님을 제자에게 일러두고 싶었던 것이다.

공자의 통찰은 놀랍다. 공자가 제자에게 강조한 것은 오늘날 교육심리학 용어인 초인지(Metacognition)와 관련이 깊다. 인지가 '아는 것'이라면, 초인지는 '아는 것을 아는 것', 즉 자신이 무엇을 알고 있고, 무엇은 모르고 있는지를 아는 것이다. 소크라테스가 '너 자신을 알라'고 했을 때,

이 또한 모르는 것은 모른다고 인정하라는 무지(無知)의 지(知)를 뜻하기에 같은 맥락으로 이해할 수 있다.

아는 것을 안다고 말하기는 쉽다. 정작 어려운 것은 모르는 것을 모른다고 말하는 것이다. 여기에는 자신이 무엇인가를 모르고 있다는 깨달음과, 이를 인정하는 정직한 용기가 필요하다. 공자는 아는 것과 아는 척하는 것의 차이를 지적하며, 앎의 기본이 정직함이라는 사실을 강조한 것이다. 사회생활을 하다 보면, 과한 자신감에 빠진 사람을 자주 본다. 『빛나는 실수』의 저자 폴 J. H. 슈메이커는 '우리가 무엇을 모르는지 모르는 상태'를 과한 자신감이라 했다. 우리는 가끔 무지한 자가 자신감이 충만할 때 얼마나 위험한 일을 저지르는지 경험한다. 이들은 자신이 무엇을 모르는지 모르기에 배움을 멈추며, 남의 조언에 귀 기울이지 않는다. 나이가 들수록 '부지위부지'를 실천해야 하는 이유다.

과거에는 아는 것이 많아 '걸어 다니는 백과사전' 혹은 '척척박사'라고 불리던 사람들이 인재로 인정받았다. 예전에 많이 안다는 것은 책을 많이 읽었다는 의미였다면, 지금은 손 안의 컴퓨터라 불리는 스마트폰을 우리가 쥐게 되면서 누구나 척척박사가 될 수 있다. 특히 인공지능은 지식의 양에서 인간을 압도한다. 그래서 뇌과학 연구자들은 지식을 빠르게 습득하고 이를 활용하는 분야는 인공지능이 머지않아 인간을 대체할 것이라 예상한다.

어디서 한 번 들었거나 본 것을 마치 자신이 알고 있는 것으로 생각하여 이리저리 말로 옮기며 박학을 과시하는 이들이 있다. 다산 정약용은 책을 읽고 공부하는 데 있어, 박학(博學)에 머물지 말아야 함을 당부했다. 그는 자세히 묻고(審問), 신중히 생각하며(愼思), 명백히 말하고(明辯), 성실히 실행하는(篤行) 것을 강조했는데, 이는 아는 것과 모르는 것을 구분하는 힘, 아는 것을 실천하는 힘을 강조한 것이다.

널리 읽고, 스스로 의문을 품어 깊이 생각하는 자, 그리하여 자신의 견해를 명백히 밝히고, 이를 실천에 옮기는 자, 그러한 사람이 진정으로 아는 자이다. 앎이란 자신이 무엇을 모르는지 아는 깨달음과 자신의 무지를 인정하는 정직함이다. 자신이 무엇을 알고 있고, 무엇은 모르고 있는지를 알고 있다면, 인간은 인공지능보다 나은 존재다. 인공지능은 자신이 무엇을 아는지는 알지만, 자신이 무엇을 모르는지는 알지 못한다.

○　　　　　　공독(共讀), 마음의 경계를 허물다

　독서는 책을 매개로 한, 저자와 독자의 대화이다. 좋은 독자는 먼저 책과 대화하고, 나아가 책을 통해 다른 사람과 대화하며 세상과 소통한다. 책은 인류가 만든 가장 오랜 미디어다. 미디어는 사람과 사람, 세상과 세상을 이어주는 존재이다. 책이 사람과 사람을 이어주는 매개의 역할을 하지 못한다면, 독서는 자칫 아집과 독선의 두터운 담을 쌓는 행위가 된다.
　화가 지망생이었던 히틀러는 독서광이기도 했다. 그는 자신의 책 『나의 투쟁』에서 나름의 독서론을 펼칠 만큼 책 읽기에 매달렸다. 하지만 히틀러는 독재자이자 학살자였고, 독서를 자신의 오만과 독선을 강화하는 용도로 사용했다. 비단 히틀러뿐 아니라, 이른바 배운 자들의 아집과 독선의 만행은 대부분 소통하지 않는 독서의 부작용에서 비롯된다. 반면에 나의 어머니처럼 평생 책을 가까이하지 않았으나 늘 지혜롭고, 주위 사람들을 포용하는 따뜻한 분이 많다. 사람이 꼭 책을 읽어야 하는 것은 아니다. 그래서 나는 강박과 당위로 무장한 독서 관련 계몽 혹은 홍보 문구를 볼 때마다 마음 한구석이 불편하다.

독서는 인간이 만든 가장 오래되고 즐거운 놀이다. 무릇 놀이는 즐거워야 한다. 그런데 홀로 읽는 즐거움이, 즐거움이 아니라 안타까움일 때가 있다. 한 문장이 마음에 못처럼 박혀 한동안 빠지지 않을 때, 그 대목만 표구하여 내 마음에 걸어두고 싶은 문장을 만날 때 감동이 찾아온다. 그러한 감동의 경험은 한 권의 책이 아니라 하나의 문장 혹은 하나의 대목일 때가 많다. 그래서 누군가와 그 감동의 순간을 공유하지 못함이 안타깝고, 때론 자신의 해석과 판단을 사람들과 나누고 싶다.

조선 후기 문장가 홍길주는 재주는 부지런함만 못하고, 부지런함은 깨달음만 못하다고 하였다. 재주만 믿고 짓까부는 자의 경박함이 노력하는 자의 부지런함을 결국 당할 수 없지만, 아무리 부지런한 자라도 삶의 깨달음에 이르지 못한다면 결국 길을 잃고 허둥댈 뿐이다. 열 권의 책을 읽는 것보다 한 권의 책을 깊이 읽고 다른 사람과 의견을 나누는 여유가 중요하다. 완전한 몰입으로 책과 만나고, 책장을 덮은 후에 같은 책을 읽은 사람과 대화하고 소통한다. 좋은 책은 굳어진 나를 흔들어놓고 출렁이게 한다. 그 출렁임이 다른 출렁임과 만나 더불어 출렁일 때 자신의 견고한 아집이 무너지고, 우리는 삶의 깨달음을 얻는다.

더불어 읽기, 즉 '공독'이 체계화된 것은 1998년 미국 시애틀에서 '만약 온 시애틀이 같은 책을 읽는다면'이라는 생각의 운동이 시작되면서이다. 지역사회에서 한 권의 책을 함께 읽고 토론하면서 사람들은 기적 같은 경험을 했다. 이 독서운동은 2001년 시카고에서 'One Book, One Chicago'란 이름으로 한 책과 한 도시가 결합하여 미국 전역은 물론이고 영국, 캐나다, 호주 등으로 퍼졌다. 국내에도 2003년 충남 서산에서 시범사업을 시작하였고, 2004년 부산에서 이 운동이 대대적으로 펼쳐졌다.

시애틀에서의 시작이 그랬듯이 '한 도시 한 책 운동'과 같은 공독은, 지역 사회에서 많은 사람이 읽고 토론할 수 있는 공통의 책을 선정하는 게 중요하다. 남녀노소 누구나 읽을 수 있는 책을 선택하고 지역공동체를 중심으로 구성원들이 함께 읽는다. 같은 도시에 살고 같은 책을 읽되, 다른 생각을 하는 이들이 만나 서로의 다름을 기꺼이 인정하고 토론한다면 즐거울 것이다. 직장과 학교, 가정에서 벗이나 동료 혹은 사제와 부모 자식이 서로의 깨달음을 내놓고 명징하게 다투고 대화하는 행복한 상상을 해본다. 저자를 초대하여 궁금한 것을 묻고, 책을 통해 다채로운 문화 행사를 만끽하는 것도 좋겠다.

21세기 가장 중요한 덕목은 공감(empathy)이다. 너와 나를 가르고 피아를 식별하여 대결하는 세상은 팍팍하다. 서로의 마음을 이해하고 경계를 넘나드는, 공감의 덕목이 있는 도시! 같은 도시에 살면서 우리는 너무 막혀 있다. 공독은 단순히 한 권의 책을 함께 읽자는 것이 아니다. 경계를 허물고 서로에게 닿는 길 하나 함께 열자는 것이다.

○   독서, 인간의 으뜸가는 일

 당신이 대학 시절로 돌아간다면 가장 하고 싶은 일은 무엇인가?

 미국 하버드 신학교 부학장, 랜돌프메이컨대학 총장을 지낸 로저 마틴은 암으로 1년 시한부 선고를 받았다. 길고 긴 항암 치료 끝에 극적으로 살아난 로저 마틴은 오랫동안 가슴속에 품어왔던 소망을 펼치고 싶었다. 그의 소망은 스무 살 시절로 돌아가 다시 대학 신입생이 되는 것. 그는 깊은 고민 끝에 세인트존스대학(St. John's College)에 입학한다. 이 대학의 커리큘럼은 단순하지만 독특하다. 특별한 전공과목 없이 수업 시간에 책을 읽고 토론을 하고 글을 쓴다. 자신이 뛰어난 교수이자 행정가였던 로저 마틴은 '책 읽는 대학'을 선택하였다. 독서를 통해 자신의 삶을 재정비하고 앞으로 남은 생의 힘을 얻게 된다는 사실을 로저 마틴은 잘 알고 있었던 것이다.

 다산(茶山) 정약용은 독서를 "인간의 으뜸가는 깨끗한 일"이라고 유배지에서 아들에게 보낸 편지에 썼다. 책 읽는 사는 자신이 부속한 점을 깨닫고 끊임없이 성찰하여 내면을 정화(淨化)한다. 다산의 독서는 단순히 글자를 읽어 지식과 정보를 습득하는 것이 아니라 자간과 행간을 읽는 행위, 즉 저자와 소통하며 세계와 마주하는 일이었다.

몇 년 전 나는, 취업을 걱정하는 제자들을 모아놓고 책을 읽게 했다. 또 그 책을 통해 자신의 생각을 풀어내는 글을 쓰자고 부추겼다. 웬 뜬금없는 짓인지, 학점 관리, 영어 성적 올리기 등 '스펙' 관리에 정신이 없을 3, 4학년 학생들을 붙들어 놓고 책을 읽고 글을 쓰자 했으니 처음에는 주위 반응이 뜨악했던 게 사실이다. 그런데도 나는 로저 마틴과 다산의 선택을 지지했다.

사람들은 대학이 수요에 부응하는 교육을 못함으로써 현장에서 활용 가능한 인재 양성에 실패하고 있다며 비판한다. 그런데 사람들은 미국이나 유럽의 대학생들이 독서에 사용하는 시간만큼 우리 대학생들이 음주 등의 유흥에 시간을 투자하며, 한국 대학생이 한 과목을 듣는 데 읽는 책 분량이 선진국의 약 3분의 1 정도에 그친다는 통계를 간과하고 있다. 나는 요즘 기업이 요구하는 스펙(자격조건)이란 게 진정으로 이 시대가 요구하는 인재의 요건이기보다 선발 도구에 가깝다고 생각한다.

학교는 평생 일할 수 있는 인재를 양성해내야 하는 곳이다. 기업이 요구하는 맞춤형 인재는 부속품이다. 모든 인간은 존엄하며 대체재가 될 수 없다. 이미 외환위기를 겪으면서 평생 고용, 평생직장의 개념이 사라진 이 땅에서 기업형 인간은 소모품이 될 위험에 노출되어 있다. 삶은 언제나 불확실하며, 그 불확실성 속에서도 견고하게 자신의 한 생애를 이끌어나갈 수 있는 힘을 길러주는 것이 교육이다. 오늘날 대학이 취업의 최전선에 서게 되면서 기능적 지식에 매몰된 편협한 인재를 양산할 위험은 늘 있어 왔다. 세상에 변하지 않는 것은 없다. 결국, 그 어떤 변화에도 두려움 없이 맞설 수 있는, 깊이 있는 지성을 갖추는 일이 대학생의 가장 중요한 책무라고 나는 믿는다.

사회는 고도화하고 우리가 마주하는 문제는 더욱 복잡해져, 이제 대학에서도 개별 학문이나 전문지식보다 종합적 사유 능력을 길러주는 교육이 중요하다는 인식이 커졌다. 스스로 사유하고 학습하는 인재는 독서로 길러짐이 자명하다. 현대 사회가 요구하는 의사소통능력 역시 다양하고도 깊이 있는 독서가 전제되어야 가능하다.

추사 김정희의 집 기둥에는 '반일정좌 반일독서(半日靜坐 半日讀書)'라는 말이 씌어 있다. 하루의 절반은 고요히 앉아 자신과 만나고, 그 나머지 반은 책을 읽으며 옛 성현을 만난다는 뜻이다. 독서의 목적은 지혜를 얻는 데 있지, 단순히 지식의 획득에 있지 않다. 옛 선비들에게 있어 독서란 세상을 읽고 나 자신을 옳게 아는 안목을 기르는 일이었다. 책에서 얻은 정보는 물질의 이익이 아니라 삶의 내적 충실을 높이는 데 쓰이며, 젊은 날 이렇게 내공을 쌓은 인재야말로 우리 시대가 요구하는 인재라고 믿는다.

○   가을이 독서의 계절이라는 말

  가을이 독서의 계절이란 말은 실체가 없다. 출판이나 서점 종사자들은 가을에 책이 잘 팔렸던 적이 없었다 하고, 사서들은 도서관 책 대출이 가을이 다른 계절에 비해 많지 않다고 한다. 가을에 눈에 띄는 건, 각종 단체가 주최한 독서 관련 행사뿐, 나부끼는 구호에 이끌려 정작 책을 읽는 사람은 드물다. 출판계의 오랜 금언 '읽는 사람이 읽는다'는 계절과 상관없이 결국 독서가 습관임을 말해준다.

  선진국들과 비교해 우리나라 독서문화를 걱정하는 목소리가 자주 들린다. 우리의 독서문화가 본격적으로 형성된 시기는 신흥 사대부 계층이 등장한 고려 말과 조선 초라 할 수 있다. 박지원이 "독서를 하면 사(士)요, 정치에 종사하면 대부(大夫)이다"라고 말한 것처럼 선비의 주업은 독서였고, 독서를 통해 덕과 학식을 쌓다 기회가 되면 정치에 종사했다. 이때 선비에게 독서는 곧 공부였고, 의무이자 특권이었다.

  다스리는 자 역시 독서를 게을리하지 않았다. 왕은 날마다 경연에 나아가 신하와 강독을 하였는데, 조강, 주강, 석

강이라 하여 아침, 낮, 저녁 세 번씩 행하였다. 세자 역시 서연이라 하여 유가서와 역사서를 중심으로 독서에 매진했는데, 여름에는 방학하고 날씨가 선선해지는 가을부터 다시 시작했다.

독서를 좋아했던 세종은 신하들에게도 독서를 권장했으며, 유능하고 젊은 인재들을 선발하여 집이나 사찰에서 독서에 전념할 수 있도록 휴가를 주는 '사가독서(賜暇讀書)'를 제도화하였다. 조선왕조실록을 보면, 세종은 즉위 8년이 되던 해에 집현전 부교리 권채와 신석견, 남수문 등을 불러 "직무로 인하여 아침저녁으로 독서에 전심할 겨를이 없으니, 지금부터는 본전에 출근하지 말고 집에서 전심으로 글을 읽어 성과를 나타내"라고 이르며 사가독서를 시작한다. 이를 현대의 관점으로 보면, '유급독서휴가'에 해당한다.

사가독서는 영조가 폐지할 때까지 약 340여 년간 지속되었다. 전쟁이나 당쟁, 흉년 등으로 중단되는 경우도 있었지만, 340년 동안 교육제도의 역할을 충실히 수행했다. 사가독서는 영국 빅토리아 왕조의 '셰익스피어 베케이션'과도 같은 맥락이다. 당시 빅토리아 여왕은 고위 관리들에게 3년에 한 번, 한 달 정도 휴가를 주고, 그동안 셰익스피어 작품 5편을 정독하고 독후감을 써내도록 했다. 굳이 셰익스피어의 작품을 선택한 이유는, 많은 문학 작품 가운데

셰익스피어 작품이 법이나 규범으로 다스려지지 않은 인간 상황을 잘 묘사하였기에, 작품들을 읽고, 관리들이 인간을 이해하고 존중하게 하는 데 도움을 주기 위해서였다.

한편, 성종은 사가독서를 더욱 발전시켜 문신들이 업무에서 벗어나 오직 독서에 열중하도록 독서당을 마련해주었는데 오늘날로 보면 도서관에 해당한다. 하지만 독서당은 오늘날의 도서관과 달리 임금이 지명한 문관만이 이용할 수 있었고, 그들에게 왕이 직접 주연을 베푸는 등 여러 특혜를 주었기에 독서당에 들어가는 자체가 선망의 대상이었다.

그런 점에서 오늘날 나이와 직업, 성별과 상관없이 차별받지 않고 누구나 이용할 수 있는 지역 공공도서관은 보배 같은 존재다. 도서관은 냉난방이 잘 되어 쾌적하게 책을 읽을 수 있고, 집에 가서 더 읽고 싶은 책은 빌리면 된다. 필요한 책이 없으면 상호대차 서비스를 활용해 다른 도서관에 있는 책을 빌리고, 신간 도서가 읽고 싶으면 담당 사서에게 신청하면 된다. 인터넷을 편리하게 사용할 수 있고, 무엇보다 대부분 서비스가 무료이기에 돈 쓸 일이 없다. 지식정보사회에서 지식과 정보가 경쟁력이라면 차별 없이 누구나 원하는 사람이 혜택을 받을 수 있는 공공도서관이야말로 복지의 일선이다.

얼마 전 지역 공공도서관 열람실에서 책을 읽다 맞은편에서 독서에 열중하는 분을 만났다. 귀밑머리가 하얗고, 60대쯤 되어 보이는 노신사였다. 2층 열람실 책장 옆에 놓인 좌석은 한산하여 나와 노신사만 앉아 있을 때가 많았다. 매번 마주 앉아 책을 읽다 자연스레 친숙해졌고 가끔 휴게실에서 대화도 나누게 되었다. 그는 은퇴 후 무료한 나날을 보내다, 어릴 때 책 읽기를 좋아했던 기억이 떠올라 도서관에 왔다고 한다. 독서가 이렇게 재밌는지 알았다면, 젊은 시절부터 도서관을 자주 이용했을 거라며 안타까워했다.

그는 처음 두서없이 관심사에 따라 읽었으나 나중에는 주제를 정하고 관련 책을 모아 읽는, '주제 중심 독서'를 스스로 익힌 듯했다. 첫 주제는 '나이 듦'이었다. 직장을 그만두고 집에 있으면서 노화가 실감 나 심한 우울증에 빠졌다고 한다. 그런데 도서관에 다니면서 나이 들어가는 것의 의미에 관한 책을 고전 철학책부터 최근 출간된 뇌과학 관련 책까지 두루 읽고 더는 우울하지 않았다며, 폴 투르니에의 『노년의 의미』란 책을 내게 권했다. 요즘 관심을 두는 주제는 '정치'라고 했다. 플라톤, 사마천, 공자, 맹자의 책을 두루 읽다 보니 문리가 트인다며 해맑게 웃는데, 그러다 신문 정치면을 읽으면 누가 옳은지 그른지, 어떤 정치를 해야 하는지 조금씩 보인다고 했다. 마침 내가 사마천의 『사기열전』을 읽고 있자, 관중과 안영 열전을 보면 올바른 정치인이 누군지 알 수 있지 않겠냐고 말해주었다.

알고 싶은 주제를 정한 후 관련 도서 목록을 정하고, 책을 읽다 부족한 부분이 있으면 다른 책을 참고하여 읽어가며, 공책에 일련의 과정과 참고 문헌을 꼼꼼히 정리하는 그의 모습은 시종 진지했다. 공업고등학교를 졸업하고 석유화학단지에서 평생 근무하다 은퇴한 그는, 은퇴 후 남은 생을 독서와 공부로 즐기고 있었다. 졸업장이나 학위, 취직이나 승진을 목적으로 남에게 보이고 경쟁하기 위한 공부가 아니라, 오직 자신을 위한 위기지학(爲己之學)을 실천하는 그를 보며, 노후를 도서관에서 보내는 인생이 꽤 괜찮겠다는 생각이 들었다.

가을이 독서의 계절이란 말은 실체 없이 계몽과 홍보로 덧칠된 구호임이 분명하나, 우리 인생을 놓고 보면 일리가 있다. 중장년을 계절에 비유하여 가을이라면, 노년은 겨울에 해당할 것이다. 흔히 책은 마음의 양식이라 한다. 겨울을 앞두고 양식을 차곡차곡 쌓아놓듯 지식과 지혜를 마음에 쟁여 두어야 할 때가 가을이다. 가을 도서관에는 그렇게 겨울을 준비하는 나이 든 학생들이 있다. 그들에게 가을은 독서의 계절임이 분명하다.

그래도 안다는 것

○ 뤼까가 책을 읽는 이유

　프랑스 작가 필립 클로델의 소설집 『아이들 없는 세상』에는 짧은 분량의 「책 속으로 들어가 버린 소년」이란 작품이 있다. 이 소설에 등장하는 주인공 뤼까는 학교 친구들로부터 따돌림을 당하는 아이였다. 아이들은 뤼까를 따돌리며 괴롭혔고, 부모마저도 어디 내놔도 빠지지 않는 형과 비교하며 뤼까를 아무짝에도 쓸모없는 못난 자식으로 여겼다. 뤼까는 늘 외로웠고, 그날도 그랬다. 뤼까는 친구들과 어울려 놀고 싶은 마음이 가득했지만, 친구들 모두 뤼까를 따돌렸다. 혼자 남은 뤼까가 마로니에 나무 그늘이 드리운 벤치에 우두커니 앉아 눈에 눈물이 그렁그렁 맺혔을 때, 선생님이 다가와 책 한 권을 내밀며 말했다. "뤼까, 앞으로 넌 절대 혼자가 아니야."

　책을 받아 든 그 자리에서 책을 펼쳐 들고 첫 번째 단어, 첫 번째 문장을 읽어 내려가는 순간, 뤼까는 끝없는 썰매 길을 타고 어디론가 떨어지는 것처럼 순식간에 책 속으로 빨려 들어갔다.

　그렇게 책 속으로 들어가는 능력이 생긴 뤼까는 이제 또래 소년들 중에서 최고로 행복한 소년이 되었다. 어여쁜 소녀가 다가와 뽀뽀를 해주거나, 썰매개가 되어 눈사태 속에서 헤매거나, 왕이 되어 60마리의 낙타 대상과 사막을 누비고, 때론 낭가파르바트 정상을 오르기도 했고, 베니스 물길을 따라 곤돌라를 타며 느긋함을 누릴 때도 있었다.

뤼까는 힘들 때마다 책 속에 숨었다. 그것은 은밀한 공간으로의 도피이자 동시에 낯선 세계로의 여행이었다. 뤼까에게 독서란 숨바꼭질 같은 도피의 놀이였다. 그런데 숨바꼭질은 누군가 반드시 나를 찾아줄 것이란 기대가 있어야 놀이가 된다. 내가 어디에 숨든 내 존재를 발견하고 환하게 웃으며 찾았다! 외치는 술래를 만나 다시 일상으로 돌아올 때, 독서의 숨바꼭질은 현실과의 단절이 아닌 접속이 된다. 누구나 힘겨울 때 숨을 수 있는 자신만의 공간이 필요하다. 책으로의 도피는 그 자체가 휴식이고 놀이라서 책장을 덮고 일상으로 복귀하여 우리는 다시 살아갈 힘을 얻는다.

뤼까에게 독서는 낯선 세계로의 여행이기도 하였다. 여행이 방황과 다른 점은 출발과 귀환이 분명하다는 점이다. 여행자는 단지 부유하지 않고 돌아와 현실의 문법에 충실해야 한다. 현실의 삶을 일시 중지하고 전혀 다른 삶의 문맥에 닿으며, 다른 세계에 감동하고 깨달음을 얻어 결국 돌아와야 한다는 점에서 여행과 독서는 닮았다. 아우구스티누스도 『고백록』에서 "여행하지 않는 사람들에게 이 세상은 한 페이지만 읽은 책과 같다"고 하며 여행과 독서가 같은 맥락임을 말한 바 있다. 우리는 여행으로 낯선 고장 낯선 풍물을 만나고 낯선 사람들과 어우러져 경험과 인식의 지평을 넓히며 우리 삶에 새로운 의미를 부여한다. 뤼까의 여행은 책과 함께하는 상상의 여행으로 그 폭과 깊이가 실제 여행을 넘어선다.

소설에서 뤼까가 책 속으로 들어가 버리는 설정은 몰입의 알레고리다. 뤼까는 독서를 통한 몰입으로 행복을 얻었다. 한 시간이 일 분처럼, 그 일 분마저 찰나가 될 때 몰입은 삶의 가치를 높이고, 우리는 책과 공명하며 시간의 한계를 극복한다. 세상에 몰입하지 않는 놀이는 없다. 독서는 숨바꼭질 같은 도피와 안도의 놀이며, 낯선 세계를 여행하며 무한한 상상력을 길러주는 놀이다. 번잡한 일상이 생동감을 주지만, 동시에 우리를 쉽게 지치게 한다. 일상의 자잘한 불행은 우리가 몰입할 때 찾아들지 못한다. 도피와 여행의 독서는 몰입을 가져오고 몰입은 정적의 시간을 맞이한다. 화려한 불꽃놀이도 결국 적멸로 돌아간다. 내 존재마저 사라지는 몰아의 고요 속에서 인생의 도약은 이루어진다. 그렇게 책 읽는 자는 스스로 자신과 세계의 주인이 된다.

  어른이 된다는 건 놀이의 시간을 잃고 노동의 시간을 얻는 과정이다. 그래서 나이가 들면 마냥 놀이로만 책을 읽지 못한다. 어른에게 좋은 책은 거울 같은 책이다. 어떤 이도 제 눈으로 제 얼굴을 볼 수 없다. 다만 비친 얼굴을 만날 수 있을 뿐이다. 말갛게 자신을 비추는 거울을 만나 아집과 편견에 물든 자신의 민낯을 보고 부끄러움을 느낄 때 성찰은 이루어진다. 매일 아침 세수하려 거울을 보듯 책을 만나면, 이토록 즐거우면서도 나를 성숙하게 하는 행위가 없었음을 깨닫는다.

  어린 시절 나는 뤼까였다. 소설 속 뤼까처럼, 어릴 때 내게 책을 권해준 선생님 덕분에 어느 날 기적처럼 눈물을 거두고 책을 만났다. 그 이후로 더는 혼자가 아니었기에 외롭거나 슬프지 않았다. 소설에서 뤼까는 친구와 가족들에게 깊은 상처를 받고 결국 책 속으로 들어가 돌아오지 않는다. 경찰이 실종된 뤼까를 찾아 나섰지만, 그 후로 뤼까를 본 사람은 아무도 없었다. 다만, 뤼까가 사라진 자리에 『세상에서 가장 아름다운 이야기 모음』이란 책이 덩그러니 놓여 있을 뿐이었다. 소설은 그렇게 끝났지만 나는 믿는다. 뤼까는 도피한 것이 아니라, 아름답고 낯선 세계를 여행 중이다. 독서는 저자의 집에 머물다 자신의 집을 지어 떠나는 행위이다. 뤼까는 책 속에 머물며 스스로 상처를 치유하고 다시 세상으로 나올 것이다. 그리하여 자신의 집을 단단하게 지을 것이다.

○　　　　　　　　　　　　　　　진정한 독자

　강진의 다산초당 가는 길, 겨울 숲 고적한 자드락길을 오르다 보면 마음이 어느덧 경건해진다. 다산 정약용은 유배지인 다산초당에서 독서와 저술에 몰두했으며, 그곳에서 독서야말로 세상에 으뜸가는 일임을 간곡히 편지에 담아 아들에게 보낸다. 나는 백련사로 넘어가는 산책길에 천일각에서 멀리 귤동마을 앞 구강포를 보고, 다산이 손수 가꾼 초당의 소박한 정원을 거닐며 생각했다. 다산은 혼자 500여 권의 책을 집필한 것은 아니었다. 다산의 저술은 대부분 제자들과의 공동 작업이었다. 그들이 다산초당에 모여 독서와 강론, 토론과 집필로 치열한 삶을 살며, 그 모든 과정을 함께했기에 가능한 일이었다.

　추운 날씨에 옷깃을 여밀 즈음, 겨울 해는 급히 기울어 숲에 싸인 다산초당이 어두워졌고, 나는 마음속에 초를 켰다. 촛화 너머, 책을 놓고 두런두런 담화하는 다산과 제자들의 모습이 환영처럼 떠올랐다. 다산의 독서는 단순히 글자를 읽어 지식과 정보를 습득하는 것이 아니었다. 다산에게 녹서는 자산과 행간을 읽는 행위, 즉 저자와 소통하며 세계와 마주하는 일이었다. 한 사람이 하나의 세계이고 한 권의 책도 하나의 세계이다. 세계와 세계의 만남이 독서이니, 독자는 마땅히 자신의 세계를 저술하여 다른 세계와 만날 일이다.

좋은 책은 악보와 같다. 같은 악보라도 연주자에 따라 곡이 다르듯, 한 권의 책을 읽고도 독자에 따라 감상과 해석은 다르다. 알베르토 망구엘은 『책 읽는 사람들』에서 이상적인 독자는 이야기를 재구성하지 않고, 이야기를 다시 만든다고 하였다. 즉, 가장 이상적인 독자는 독자인 동시에 저자인 것이다. 그런 점에서 독서에세이 쓰기는 이상적인 독자로 가는 수고롭지만 가장 바람직한 길이다. 독후감이 책의 세계를 중심으로 자신의 감상을 곁들이는 글이라면, 독서에세이는 책이 제재일 뿐 온전히 독자이자 저자인 글쓴이의 세계를 반영한 글이다. 공공도서관에 투고된 학생들의 독서에세이를 읽을 기회가 있었다. 다소 서툴기는 하나 소중한 글이 많았고, 여러 편을 읽다 인상적인 글을 발견했다.

"한 권의 책, 한정된 내용, 그것에 대한 독자들의 생각 또한 책의 내용처럼 한정되어 있을 것이라 생각했지만, 그것은 나의 착각이었다. 친구들과 같은 책을 읽고, 그 책에 대한 토론을 하면서도 내가 책을 읽으며 발견하지 못한 부분에 대한 의문을 가지는 아이가 있었고, 책의 내용을 나와 다른 관점으로 본 아이도 있었다. 그 사실이 놀랍고 흥미로웠다. 같은 책을 읽으면서도 아이들마다 느낀 점이 각자 다르다는 사실이."

한 권의 책을 함께 읽고 생각을 나누는 것이 왜 중요한지, 인용한 글의 필자는 정확히 말해주고 있다. 어린 필자는 자명하나 놀라운 발견을 통해 저자의 집에 머무는 데 그치지 않고 친구들과 소통하며 결국 독서에세이로 자신의 집을 짓고 있다. 어린 필자는 이렇게 글을 마무리한다.

"평소 소설이라는 하나의 장르만 봐왔던 내가 여러 장르를 읽으니 마치 매미가 성충이 되기 전의 모습인 유충처럼, 한정된 공간인 땅에서만 살아오다가 성충이 되어 넓은 세상을 바라보게 된 것처럼 책의 더 넓은 세상을 보게 된 기분이었다."

읽는 행위에 머물지 않고 쓰기로 나아가는 과정에서 독자는 자신은 물론이고 세계를 성찰하는 힘을 얻게 된다. 그리하여 읽기와 쓰기, 쓰기와 읽기는 선순환하며 독자를 성장으로 이끈다. 움베르토 에코는 책 읽지 않는 사람은 단지 자신의 삶만 살아가고 또 앞으로 그럴 테지만, 책 읽는 사람은 아주 많은 삶을 살 수 있다고 하였다. 독서는 어느 세대에게나 중요하지만, 나는 누구보다 청소년들이 꼭 책을 읽어야 한다고 믿는다. 아이들이 책을 읽지 않으면 앞선 세대들이 일군 문명과 단절됨은 물론이고, 넓은 세상을 볼 수 없으며 삶의 풍성함을 맛볼 기회마저 박탈당한다. 다만 독서는 현실의 삶에서 단절될 위험이 상존한다. 책 읽기에만 빠지면 진짜 현실이 아니라 책 속의 세상과 책 속에 갇힌 자신의 삶에 파묻혀 현실을 등한시할 수 있다. 그래서 독서 후에 타인과 소통하고, 자신의 사유를 글로 정리한 후 이를 다시 공유하는 과정이 필요하다.

우리는 힘들 때 위로를 받고자 하지만, 사실 위로란 나만 슬프고 힘든 게 아니라는 사실을 아는 순간 손님처럼 찾아온다. 그 반가운 손님은 서로 나누는 이야기 속에 있다. 이야기를 만드는 건, 책을 쓰는 일이고 그에 관해 이야기를 한다는 것은 책을 읽는 행위이다. 여기서 중요한 것은 '이야기를 듣는 것'만이 독서가 아니라 '이야기를 하는 것'도 독서라는 점이다. 독서는 혼자 읽는 것이 아니라, 타인과 더불어 읽고 소통하는 행위를 말한다. 마음에 와닿는 책을 읽고, 그 책에 관해 이야기하고, 글을 쓰는 순간도 독서인 것이다.

뗏목을 타고 강을 건넜다면, 뗏목은 두고 걸어야 함이 마땅하다. 책을 다 읽었다면, 이제 책은 내려놓고 서로의 이야기를 들려주자. 독서에세이는 독자가 다른 독자에게 들려주는 이야기이다. 독자가 다시 저자가 되어 다른 독자를 만나는 놀라운 일이 이렇게 시작한다. 책을 읽고, 그 책을 매개로 자신의 이야기를 하는 독자야말로 진정한 독자임을, 학생들의 독서에세이를 읽으며 깨닫는다. 다산이 남쪽 끝 강진에서 제자들과 함께 읽는 데 머물지 않고 쓰는 행위로 나아간 이유도 조금은 알 것 같다.

○   타인의 삶과 리빙 라이브러리

  플로리안 헨켈 폰 도너스마르크의 〈타인의 삶〉은 영화 시나리오로는 드물게 국내에 번역되어 책으로 출간됐다. 영화는 2007년 봄, 국내 개봉 당시 상영관을 잡지 못해 대중의 관심에서 멀어졌으나 이후 관객들의 호응에 힘입어 2013년 재개봉했다. 우리 시야에 들어오는 대상을 '읽는' 것만큼 관심과 집중을 요구하는 행위는 드물다. 읽는 행위는 대상의 기호화를 전제로 하는 해석 행위이기에 단지 보는 것과는 다르다. 그래서 능동적인 관객은 영화를 읽고, 수동적인 독자는 책을 본다. 글쓰기가 경험과 지식, 사유를 기호화하는 작업이라면, 읽기는 독자의 관점에서 그것을 다시 풀어내는 지적 작업이다. 감독이자 작가인 플로리안 헨켈 폰 도너스마르크는 그의 책 『타인의 삶』으로 마치 자신의 영화를 읽어 달라고 우리에게 요청하는 듯하다.

  작년부터 '독서, 책에 길을 묻다'라는 다소 긴 이름의 교과를 개설해서 수업하고 있다. 책 속에 우리 삶의 길이 있다는 취지로 인생의 지침이 될 만한 책을 선정하여 학생들과 함께 읽고 토론하는 과목이다. 이번 학기는 1학년부터

4학년까지, 인문 자연 체육 공학 등 다양한 전공의 학생들이 내 수업을 수강했다. 이 수업에서 한 주 정도는 책이 아니라 사람을 읽는 리빙 라이브러리 수업을 한다. '리빙 라이브러리(living library)'는 '휴먼 라이브러리' '사람 책 도서관' 등 다양한 용어로 불리고 있는데, 사람이 책이 되어 독자와 소통하며 지식과 경험을 나눈다는 의미이다.

기록 문화가 발달하지 않은 시기에는 사람들의 기억과 구술이 곧 책이었다. 타인의 삶을 문자로 기호화한 것이 책이며, 그 내용은 결국 그 책을 쓴 사람의 경험, 지식과 사유이다. 누군가의 서술이 책이라면, 문자로 자신을 기록하여 남기지 않는 사람의 구술이 '사람 책'이 된다. 리빙 라이브러리는 사람과 사람이 만나서 대화하고 소통하는 기회를 제공함으로써 편견과 선입관, 고정관념을 넘어 자신의 세계를 확장한다. 누구나 책이 될 수 있고, 누구나 그 책을 읽을 수 있다.

리빙 라이브러리 수업을 위해 '사람 책'의 지원을 받았는데, 체육 전공의 졸업반 학생이 자청했다. 듬직한 체구에 과묵한 성격으로 성실히 수업에 참여했던 그 학생은 평소 표현을 잘하지 않았기에 토론 수업에 적극적이지 않았다. 그의 사람 책 제목은 '방황'이었다. 청소년기의 가출, 대학 진학 후의 방황과 군 시절 탈영 사건까지 그의 방황 이력은 파란만장했다. 고교 시절 복싱으로 단련되어, 외항선 갑판 위에서 펼친 '학교짱'과의 결투 장면을 말할 때조차도 그의 말은 허황과 과장 없이 담담했다.

어떤 좋은 책을 추천하여 읽었어도 그날만큼 학생들의 눈빛은 반짝이지 않았다. 독자인 학생들의 질문이 이어졌고, 이어진 질문의 끝은 그 방황을 어떻게 극복해 갔는지로 모였다. 비결은 독서였다. 알고 싶은 것이 많아 종교와 철학 서적을 읽다, 법정 스님의 책을 만나면서 많은 깨달음과 힘을 얻었다고 했다. "자신만의 방법으로 어두운 동굴을 빠져나와 진흙 속의 진주처럼 환하게 빛났으면 좋겠다"는 말로 마무리한 그날, 수업이 끝나고 게시판에 학생들의 반응이 쏟아졌다. "종이 책보다 사람 책이 더 가깝게 느껴져서 좋았다"는 말부터 "어떤 책보다 값진 배움이 있었다" "이번 학기 가장 가슴이 따뜻해지는 수업이었다" 등 반응은 뜨거웠다.

영화 〈타인의 삶〉은 베를린 장벽이 무너지기 5년 전, 동독을 배경으로 자신의 신념을 맹신하는 냉철한 비밀경찰 비즐러가 극작가 드라이만을 감시하면서 전개되는 이야기이다. 비즐러는 드라이만의 삶에 감동하여 이전의 삶과는 달리 인간적인 모습으로 변화하기 시작한다. 비즐러와 같은 조직의 하수인이 자유인으로 변하는 힘은 반성의 사유에 있다. 사람은 혼자서 변하거나 성장할 수 없다. 비즐러는 드라이만이라는 타인의 삶을 감시하다 결국 자신의 삶을 직시하며 자기 성찰의 과정을 겪는다. 고귀한 삶이란 타인보다 나은 삶이 아니라, 이전의 자신보다 나은 삶이다. 비통함으로 물결치는 드라이만의 피아노 연주를 감청하다 눈물을 흘리고, 소파에 누워 드라이만의 책상에서 가져온 브레히트의 시집을 경이롭게 읽는 비즐러는, 더는 이전의 그가 아니었다.

타인의 삶이 호기심과 관음증을 충족하는 창이 아니라 자기 삶을 비추는 거울이 될 때 우리는 책을 읽듯 반성의 사유에 이른다. 연예인의 시시콜콜한 일상을 담은 텔레비전 오락 프로그램으로는 타인의 삶을 읽을 수 없다. 리빙 라이브러리는 사람에 대한 존중과 애정이 바탕에 깔려 있으며, 그 공간이 도서관이나 학교에만 머물지 않는다. 아르헨티나 국립도서관장이기도 했던 소설가 호르헤 루이스 보르헤스는, 그의 소설 「바벨의 도서관」에서 천국을 도서관에 비유했다. 사람을 책으로 여겨 서로 읽고 배울 수 있다면, 그리하여 타인의 삶을 읽고 성찰하여 과거의 자신보다 나은 삶을 살아갈 수 있다면, 사람 책을 모아둔 도서관 같은 이 세상이 천국을 닮아가지 않을까. 타인의 삶이 '사람 책'이 되는 순간, 사람은 꽃보다 아름답고, 책보다 소중하다.

○　　　　　에토스(Ethos), 운명을 바꾸는 글쓰기

　올봄 새로 개설한 수필 창작 수업을 맡았다. 첫 수업에서 나이 지긋한 여성이 찾아와 수업을 들어도 되는지 물었다. 나중에 그녀의 나이가 예순아홉임을 알았으나, 그날 내 눈에는 배움의 열망으로 반짝이는 눈빛만 보였다. 검정고시를 거쳐 만학의 꿈을 안고 입학한 그녀는 지각 결석 한 번 없었고, 과제가 혹독하기로 유명한 내 수업에서 모든 과제를 제때 제출했다. 누구나 글쓰기는 어렵다. 더군다나 각자의 글을 두고 합평을 통해 날 선 상호 평가와 교수의 지적이 이어지는 수업은 힘들 수밖에 없다. 그녀는 수업을 즐겼다. 매주 내가 어떤 과제를 던져줄까 설레며 기다린다고 했다. 글을 두고 쓴소리를 해도, 그것이 모두 관심과 애정 같아 기쁘다고 했다. 늦은 밤 홀로 깨어 글 쓰는 시간이 세상 무엇보다 행복하다는 예순아홉 살의 여학생이 있어 지난 학기 나는 행복했다.

　그녀가 제출한 과제 중에서 생이 얼마 남지 않은 친구와 반딧불 찾기 여행을 떠난 글이 생각난다. 여행 후, 결국 친구가 위독하다는 소식을 듣고 부산역에서 한달음에 대전까지 가서 친구의 임종을 지켜보는 대목, 떠나가는 친구에게 "좋은 자리 잡아놓고 날 기다려 줘"라고 속삭이는 구절에서 나는 과제를 읽다 울어버렸다. 아마 그녀도 글을 쓰며 내내 울었을 것이다. 문장은 거칠고, 맞춤법과 띄어쓰기는 엉성하다. 간혹 단락 구분의 기준이 모호해 글의 흐름이 부자연스럽다. 그런데도 그녀의 글은 잠시 배회할 뿐, 끝내 마음에 닿아 나에게 감동을 준다. 그녀의 글을 지도하며 나는 좋은 글은 어떤 글인지 고민에 빠졌다.

1970년대부터 예일대학에서 글쓰기를 강의한 윌리엄 진서는 좋은 글쓰기의 핵심이 인간미와 온기라고 말한다. 이는 '글이 곧 그 사람'이라는 말과 통하며, 좋은 사람이 좋은 글을 쓴다는 뜻이기도 하다. 이러한 인간미를 아리스토텔레스는 『수사학』에서 에토스(Ethos)라고 했다. 좋은 글은 독자를 설득한다. 독자는 단지 머리로 이해한다고 설득되지 않는다. 모든 글의 최종 목적은 감동이며, 감동은 온전히 설득된 자에게 밀려오는 정념이다. 진정한 감동은 내 몸과 영혼이 바뀌어 이전으로 돌아갈 수 없음이다.

설득이란 단지 이성적인 논리(로고스)뿐만 아니라, 감정과 욕망(파토스), 인격과 윤리성(에토스)까지 포괄하는 소통의 기술이다. 2천 년 가까이 화술과 웅변을 중심으로 내려오던 수사학의 전통이 글쓰기에 본격적으로 적용되기 시작한 것은 19세기 중반이다. 당시 하버드대학에서 작문을 수사학의 정식 과목으로 편입하면서 오늘날 통용되는 문장이나 단락 구조, 문체적 특성 등 다양한 개념을 체계화하였다. 논리적인 글뿐 아니라, 수필의 공감, 소설의 감동도 모두 설득에서 나온다. 설득되지 않고 공감하고 감동하는 독자는 없다.

시카고대학의 글쓰기 과정을 정립하고 미국 글쓰기 문화에 지대한 영향을 끼친 조셉 윌리엄스도 글쓴이의 에토스를 강조했으며, 조선시대 최고의 문장가 연암 박지원의 글도 에토스가 중심이다. 연암의 산문 「큰누님을 보내며」는 연암이 큰누님을 잃고 쓴 제문이다. 솔직하고 담백하며, 무엇보다 자신의 감정에 충실하면서도 누이를 향한 절절한 마음이 누이의 시신을 떠나보내는 정경과 어울려 정돈되어 있다. 쉽게 따라 할 수 없는 이 글의 미덕은 연암의 에토스에 있으며, 300자가 채 되지 않을 짧은 글을 두고 이덕무는 극찬하였다. 물결치는 감정과 냉철한 이성 사이에서 감정의 파고를 다스리고, 이성의 냉기에 온기를 불어넣는 것이 에토스다. 파토스는 자연 발생적이고, 로고스는 훈련을 통해 배울 수 있으나, 에토스는 글쓴이의 생애 그 자체다.

서점에는 글쓰기 관련 책이 많고, 관련 특강도 자주 열린다. 시선을 끄는 첫 문장과 글 마무리의 중요함 등 구체적인 내용은 책마다 크게 다르지 않다. 좋은 글은 꾸밈없이 담백해야 하며 문장이 담백하려면 형용사나 부사, 접속사를 줄여야 한다. 솔직하게, 쉽게 쓰고, 리듬감 있는 문장에 자기만의 사유와 성찰을 담아야 한다. 그런데 글쓰기를 다루는 책이나 강연에서 정작 글쓴이의 에토스를 강조하는 경우는 드문 듯하다.

글쓰기가 어려운 것은, 글쓰기가 세상에서 가장 요행과 우연이 없는 행위이기 때문이다. 이제 소셜 네트워크의 발달로 글 쓰는 일이 소수 전문가에게 주어지는 권력이 아니라 삶을 풍요롭게 살고픈 이들이 선택하는 권리가 되었다. 글쓰기는 삶을 이해하기 위한 수공업이며, 부단히 노력하면 누구나 글쓰기로 자기 삶의 장인이 될 수 있다.

예순아홉 살 여학생의 과제 중에서 내가 가장 사랑하는 글이 있다. 맏이로 자라, 결혼 후에도 친정엄마를 모시며 동생들 학비를 대고 결혼시키는 동안, 정작 자신의 손에 가락지 하나 없었다는 푸념을 돌아가신 엄마의 사진 앞에서 풀어놓는 글이다. 그녀의 글에서, 사진 속 엄마는 일흔을 앞둔 딸에게 속삭인다. "넌 나의 최고의 딸이야." 그녀의 글이 그녀의 생을 위로해주었고, 예순아홉까지의 생에 의미를 부여해주었다.

글쓰기는 단지 의사소통의 도구에 머물지 않는다. 좋은 글은 인간미와 온기를 지닌 에토스가 핵심이며, 에토스는 글쓴이의 무의식과 의식을 넘나들며 힘을 얻는다. 마리온 존 맨은 무의식에는 의식의 빛이 필요하고, 의식에는 무의식의 에너지가 필요한데, 글쓰기로 이 두 가지의 교환이 가능하다고 했다. "의식되지 않은 무의식이 곧 운명이 된다." 프로이트와 함께 정신의학 분야를 개척한 인물로 평가받는 카를 구스타프 융의 이 말을 믿는다면, 우리는 글쓰기로 운명을 바꿀 수 있다.

○   과거로부터 배우는 지혜

『오래된 미래』는 언어학 공부를 위해 라다크를 방문했다가 그곳 사람들의 삶의 모습에 매료돼 16년간 체류하게 된 스웨덴 출신 여성학자 헬레나 노르베리 호지의 현장 보고서이자, 라다크의 조용한 행복이 어떻게 깨지는지를 보여준 고발의 책이다.

라다크는 어지러워서 제대로 걷기조차 어렵다고 알려진 해발 3,000~5,000미터의 히말라야 고지대에 있다. 영하 20도 이하로 내려가는 겨울 추위가 8개월 동안 이어지고, 비가 잘 오지 않아 피부가 갈라질 만큼 건조하다. 그럼에도 라다크 사람들은 풀 한 포기 자라기 어려운 겨울을, 전통주를 마시며 이웃과 이야기하는 계절로 삼고, 산소 부족의 고소증은 천천히 걸으며 명상하는 시간으로 이겨낸다. 생필품이 턱없이 부족하지만, 이들에게서 결핍과 조급함이라고는 찾아볼 수 없다.

이들은 우리의 '두레'처럼 '파스푼'이라는 협동조직이 있어 공동으로 가축 돌보기, 씨 뿌리기, 곡식 빻기를 해 노동할 수 있는 짧은 여름을 알차게 보낸다. 어려운 환경일수록 자기 이익을 앞세우게 마련이지만 라다크 사람들은 이웃을 배려하는 마음이 각별하다. 아래 지대 사람들을 생각해 윗물에서는 빨래하는 법이 없고, 가족이 아닌 누구라도 내 집처럼 머물 수 있도록 손님방을 따로 마련한다. 이처럼 라다크는 천 년 이상 검소한 생활과 협동정신으로 건전한 공동체를 꾸려온 마을이다.

그런데 1975년 인도 중앙정부가 개발을 시작하고 외지 관광객이 밀려들면서 라다크의 전통 생활방식은 금이 가기 시작했다. 여행객과 텔레비전이 보여주는 물질적 풍요는 라다크 사람들의 마음을 흔들어놓았다. 그들은 스스로 만들어 썼던 생활용품 대신 외부에서 들어온 상품들을 사기 위해 돈을 벌 필요를 느꼈고, 얼마 안 되는 일자리를 차지하려고 싸우기 시작했다. 세계화의 거센 물결 속에 결국 주변부로 전락한 라다크 사람들은 자신의 문화를 원시적이고 비효율적이며 지루한 것으로 여기게 되었고, 스스로 가난하고 불행하다고 생각하기에 이르렀다.

『오래된 미래』는 현대 문명의 세례를 받기 이전과 이후의 극명한 대비를 통해 개발과 발전에 근원적인 의문을 던지고, 이를 통해 우리가 무심코 받아들이는 행복의 조건과 삶의 양식을 돌아보게 한다. 서구 산업사회의 사고 틀을 벗어나 인간과 세계를 새롭게 바라보게 되는 과정이 담긴

이 책은 출간되자마자 전 세계에서 숱한 찬사가 쏟아지며 현대의 고전이 되었다.

라다크는 이 책으로 유명해져 서구 지식인들 사이에 '라다크로부터 배우자'는 유행어를 낳았지만, 사실 우리에게는 새로울 게 없다. 자립, 검소, 사회적 조화, 환경적 지속성, 내면적 풍요 등 이 책에서 강조한 라다크의 미덕은 우리 전통사회의 미덕과 다를 게 없다. 그러나 안타깝게도 우리의 근대화는 온고지신의 정신으로 전통을 계승한 것이 아니라 전통의 부정으로부터 시작하였다. 『오래된 미래』의 저자 헬레나 노르베리 호지가 우리나라에 강연을 와서 일주일간 머문 적이 있다. 그때 저자는 "한국의 수천 년 역사는 다 어디에 남아 있느냐?"라고 물었다 한다. 산업화가 시작된 지 불과 반세기도 지나지 않았는데 그전까지 사람들이 살던 모습은 다 어디로 갔느냐는 뜻이다. 저자는 한국에서 또 다른 라다크를 발견했는지도 모른다. 우리 전통의 가족 기반 경제공동체에서 노인의 지혜는 존중되었으며 세대 간의 유대는 소중한 가치로 인정받았다. 우리는 지금 인터넷과 휴대전화 등 기계를 매개로 매일 소통하는 '접속'의 시대에 살고 있다. 우리는 수시로 접속하지만 정작 '접촉'은 잃어가고 있다. 미국의 한 심리연구소의 연구 결과에 따르면 조부모와 함께 생활한 아이의 성서석 안성과 유대감이 그렇지 않은 아이보다 매우 높았다고 한다. 세대 간이나 이웃 간의 접촉과 유대를 소중하게 여기고, 이를 통해 내면의 풍요를 추구했던 라다크는 우리 전통 마을과 무척 닮았다.

한편, 내면적 풍요를 중시하는 라다크 사람들의 여유는 그들의 언어에서도 잘 나타난다.

> 시간은 느슨하게 측정된다. 분을 셀 필요는 절대로 없다. 그들은 "내일 한낮에 만나러 올게, 저녁 전에"라는 식으로 몇 시간이나 여유를 두고 말한다. 라다크 사람들에게는 시간을 나타내는 많은 아름다운 말이 있다. "어두워진 다음 잘 때까지"라는 뜻의 '공그로트', "해가 산꼭대기에"라는 뜻의 '니체', 해뜨기 전 새들이 노래하는 아침 시간을 나타내는 '치페-치리트'(새 노래) 등 모두 너그러운 말들이다.

시침과 분침은 고사하고 초침에 쫓기듯 살아가는 우리에게 시간을 나타내는 라다크의 언어는 발음하는 것만으로도 여유를 느끼게 해준다.

『오래된 미래』를 읽다 보면 "그럼 옛날로 돌아가자고 하는 이야기냐?"라는 비판을 떠올릴 수도 있다. 라다크의 변화를 안타깝게 바라본다고 해서 과학과 산업이 우리에게 제공한 편의와 혜택을 부정한다는 뜻은 아니다. 오직 지금과 같은 개발만이 유일한 선택이라는 착각은 이제 버려야 할 때라는 것이다. 또한, 무분별한 개발이 제공하는 편의와 혜택은 이제 지속할 수 없다는 사실도 직시해야 한다. 우리는 개발에 반드시 파괴가 뒤따른다고 생각하지만, 그것은 사실과 다르다. 이 책에서 저자는 전통의 라다크를 회복하려는 다양한 노력을 소개하고 있는데, 예를 들어 난방용 태양열 기술의 활용이 있다. 이것은 전통건축과 현지 재료에 쉽게 적용되어 적은 비용으로 라다크 사람들에게 윤택함을 주면서도 환경과 조화를 이룬다. 이처럼 산업사회와 자본주의의 가치인 '개발'과 '발전' 대신 '생태'와 '조화'를 지향하는 대안 공동체의 지혜와 철학을 우리는 이 책을 읽으며 체험할 수 있다.

'오래된 미래'라는 표현은 분명히 모순어법이다. '달콤한 소금'이나 '작은 거인'처럼. 그러나 이 모순된 표현 속에 대단히 중요한 의미가 담겨 있다. 미래로 가는 길을 오히려 오래된 과거에서 찾아야 한다는 것이다. 모든 욕망은 곧 결핍을 의미한다. 이제 E. F. 슈마허의 책 제목처럼 '작은 것이 아름답다'라는 깨달음이 필요하다. 우리는 전통을 부정하고 맹목적으로 앞으로만 달렸다. 헬레나 노르베리 호지의 『오래된 미래』는 그렇게 달려온 우리가 잠시 숨을 고르고, 어디로 다시 걸어가야 할지를 생각하게 해주는 책이다.

○　　　　　　　　보수동 책방골목의 가치

　어릴 때 꿈이 무엇이었냐는, 기자의 질문을 받은 적이 있다. 예기치 않은 인터뷰였고 당시 나는 잠시 뜸을 들이다 '책방주인'이라 답해주었다. 지금도 은퇴하면 내가 사는 동네에 작은 책방을 열어 책방주인이 권하는 책 목록을 매달 문에 게시하고, 책을 좋아하는 사람들과 독서 모임을 만들어 차를 마시며 두런두런 '이바구' 나눌 꿈을 꾼다.

　젠 캠벨의 『북숍 스토리』는 세계 책방 여행기이다. 300곳에 달하는 책방을 다니며, 그곳에 있는 책과 사람들의 이야기를 담아냈다. 나는 특히 작가의 서명이 들어간 책만 파는 중고 책방 '앨라배마 북스미스'가 인상적이었다. 이 책을 읽으며 느꼈듯, 좋은 책방은 들어서는 순간 분위기가 다르다. 작가 빌 브라이슨도 좋은 서점은 분위기가 다르고, 생각이 비슷한 영혼들에 둘러싸여 마음이 편안해진다고 하였다. 그래서 나는 어디를 가든 책방부터 찾게 된다. 프랑스 아비뇽 거리를 걷다 보면 어김없이 책방골목을 만난다. 길과 길이 만나듯 골목은 다른 골목으로 이어지고, 줄지어 나타나는 책방들이 미로 같은 골목에 가득하다.

'아비뇽 유수'로 세계사를 배울 때마다 등장하는 작은 도시에 이토록 많은 책방이 살아남은 것이 신기하다. 여름이면 아비뇽 연극제가 열리고, 이 축제를 즐기려고 세계의 관광객들이 아비뇽을 찾는다. 문화 축제 하나가 도시를 바꾸고, 책방골목으로 상징되는 문화의 힘이 도시 전체에 영향을 주는 것이다.

영국의 헤이온와이는 주민 천여 명이 거주하는 작은 시골 마을이지만, 일 년에 백만 권 이상의 책이 팔리고 해마다 수십만 명의 관광객이 찾는 곳이다. 특히 6월이면 책 축제가 열리고 이때 마을 안의 모든 민박이 예약 마감될 만큼 성황을 이룬다. 헤이온와이를 만든 사람은 리처드 부스로 그는 옥스퍼드대학교를 졸업한 후 법률가의 길을 가지 않고 부모가 살던 헤이 마을에 헌책방을 연다. 다른 물건과 달리 책은 헌것이라 하여 가치가 떨어지지 않았다. 쇠락해가던 궁벽한 시골 마을이 책을 좋아하는 한 젊은이의 꿈으로 재생된 것이다. 마을 골목마다 늘어선 책방은 각각 실내장식은 물론 주로 다루는 책까지 개성이 뚜렷하다. 어떤 곳은 추리소설이 가득하고, 어떤 곳은 명상서적을 다루며, 또 어떤 책방은 어린이 책을 전문으로 진열한다.

스코틀랜드의 위그타운은 조성된 계기가 헤이온와이와는 다르다. 1990년대에 경제 위기를 겪고 지방 경제를 살리고자 스코틀랜드 정부가 나서 위그타운을 책마을로 지정하고 지원하였다. 마을 전체가 서점과 책과 연계한 카페 등이 들어서 있고, 매년 위그타운 북 페스티벌이 열려 수십만 명의 관광객이 찾는다. 이 마을을 대표하는 책방 '더북숍'은 책장 길이만 2km에 달하고, 낡은 벽난로가 있는 시집 코너, 모형 철도가 있는 여행 코너 등 분위기가 독특하다.

벨기에의 르뒤도 주민 400여 명의 작은 마을이지만 골목마다 서른 곳이 넘는 책방이 있고 그 골목을 누비며 사람들은 책 문화에 흠뻑 빠진다. 아비뇽, 헤이, 위그타운, 르뒤뿐 아니라 이탈리아 몬테레지오나 프랑스 앙비에를 등 책방골목 혹은 그러한 골목으로 이루어진 책마을은 많은 관광객의 사랑을 받는다. 그 축제 같은 책 문화의 현장을 볼 때마다 나는 부산의 보수동 책방골목을 떠올린다. 국제시장, 자갈치시장, 용두산공원 등 부산 원도심의 명소를 찾는 관광객들이 지척에 있는 보수동 책방골목에 간혹 들르기도 하지만, 소란스레 왔다 부산하게 사진 찍고 가뭇없이 사라진다. 한국전쟁 이후 책을 구하기 어려웠던 궁핍한 시절, 보수동 골목에는 헌책을 팔고 사는 노점들이 하나둘 들어섰고 자연스레 책방골목이 형성되었다. 피란민들이 주로 지금의 원도심 주변에 정착하였기에 구덕산 자락 보수동 뒷산으로 노천교실, 천막교실이 들어서면서 보수동 골목은 항상 학생들과 교사들로 붐볐다. 자신이 읽던 책을 팔고 필요한 헌책을 싼값에 사면서 지식의 유통이 활발하게 이루어졌던 것이다.

내가 학생일 때 용돈이 모이면 배낭을 메고 보수동으로 달려갔고, 해가 질 때까지 보물을 캐듯 헌책 더미를 뒤졌다. 단골 책방 주인아저씨는 도서관 사서보다 서지 정보에 밝았고, 책을 보는 안목은 어떤 독서전문가도 따르기 어려울 정도였다. 지금도 그 책방을 지키고 있는 목소리 우렁찼던 아저씨는 이제 머리가 하얗게 셌다. 당시 보수동 헌책방에서 문예지는 철 지난 잡지로 분류되어 권당 300원 정도면 살 수 있었다. 현대문학, 창작과비평, 문학과사회, 문학사상, 동서문학, 외국문학 등 읽고 싶은 책들을 배낭 가득 사 와 마음껏 읽었다. 철학, 역사, 예술, 인류학 등 헌책방에는 없는 책이 없었고, 당시 공공도서관이 미비했기에 책에 대한 갈망으로 보수동 헌책방을 찾는 이들이 많았다. 지금도 보수동책방골목번영회를 중심으로 가을이면 문화 행사를 열며 노력하고 있지만, 독서 인구의 급감과 인터넷 서점의 등장, 헌책을 꺼리는 풍조까지 겹쳐 예전 같지 않다는 생각이 든다.

유럽의 책방골목이 그러하듯 이제 사람들은 그저 책만

보러 책방을 찾지 않는다. 유럽의 책방골목은 여유롭게 걷고, 머무르며 즐길 수 있는 문화 공간으로 탈바꿈하고 있다. 겨울이면 광복로 크리스마스트리문화축제로 사람들이 붐비고 국내 최초 상설 야시장인 부평깡통야시장까지 행렬이 이어진다. 부평시장에서 길만 건너면 보수동 책방골목이다. 사람이 모일 수밖에 없는 입지와 이야기를 간직한 역사적 의미까지 품은 곳, 이런 책방골목은 짧은 시간 자본이 투입되어 인위적으로 만들 수 있는 곳이 아니다.

젠 캠벨은 『북숍 스토리』를 쓰며, 유럽을 비롯하여 세계 곳곳을 여행하였다. 아르헨티나, 칠레, 케냐, 중국, 태국, 몽골까지 둘러보며 책방 이야기를 펼치고 있지만 아쉽게도 내가 기대했던 우리 책방은 등장하지 않았다. 보수동 책방마다 저마다의 개성을 지니고, 이곳을 국내외를 막론하고 책을 사랑하는 사람들이 찾고 싶은 문화 공간으로 만들었으면 한다. 책방 주인들이 주축인 자체 번영회의 노력은 물론이고, 지방자치단체의 전폭적인 관심과 지원도 필요하다. 스코틀랜드의 위그타운도 정부 차원에서 지원을 아끼지 않았기에 지금처럼 활성화할 수 있었다. 아비뇽 연극축제 덕분에 책방골목에도 관광객이 넘쳐나는 것처럼 부산국제영화제에 몰린 관광객들의 문화 욕구는 보수동 책방골목으로 이어질 수 있다. 한때 서울 청계천 헌책방거리는 책방이 200여 개에 달할 정도로 성황이었다. 하지만 현재는 책방거리라 부르기 민망할 정도이며, 인천 배다리 헌책방 골목도 사정은 마찬가지다. 보수동 책방골목의 가치는 새롭게 조명되어야 한다. 이곳이 있어 부산은 영화의 도시이기 전에 책의 도시라 불러도 좋다.

○   독서, 연민과 자기 이해의 여정

  소설은 작가가 가상으로 구축한 세계이다. 작가는 하나의 세계를 자신의 가치관과 상상력에 따라 책 속에 구현하였고, 독자는 그 책을 거울삼아 자신을 둘러싼 세계를 이해하고, 나아가 자기를 이해한다. 조해진의 일기체 장편소설 『로기완을 만났다』는 나에게 독서의 의미를 다시 들여다보게 해준 책이다. 이 책은 여행 일기 형식이며, 여행 일기는 낯선 곳으로 익숙한 자신을 데리고 나가, 그곳에서 겪는 사건을 매개 삼아 자신의 사고와 감각을 되묻는 글쓰기이다. 이러한 소설을 읽으면, 독자는 소설 속 낯선 공간에서 자신을 만나는 경험을 하게 된다.

  소설의 주인공은 형편이 어려운 사람들의 사연을 다큐로 만들어 방송으로 내보내고, 실시간으로 전화 ARS 후원을 받는 프로그램의 작가였다. 그녀는 연민을 통해 후원을 이끌어내는 자신의 진심이 방송에서 통하리라 믿었다. 하지만 담당 PD는 타인의 편집된 고통에 대해 회의적이었고, 결국 연민이란 자신의 현재를 위로받기 위해 타인의 불행을 대상화하는, 철저하게 자기만족적인 감정에 지나지 않

는다며 냉소했다. 그러던 중, 그녀는 후원을 많이 받고자 방송을 연기하는 과정에서, 출연자인 여학생 '윤주'의 얼굴에 달린 신경섬유종이 악성 암덩어리로 전이되어 죄책감에 빠진다. 자신의 행동이 진심으로 윤주를 위한 것인지, 자신이 방송국이란 구조 안에서 지금 무슨 짓을 하고 있는지 고민에 빠지게 된 그녀는 방송국에 사직서를 내고 탈북자 로기완을 만나고자 브뤼셀행 비행기를 탄다.

도덕 본능의 진화를 탐구하는 신경학적 연구는, 인간의 거울 뉴런계를 고찰하여 생물학적으로 인간이 공감의 동물임을 증명하였다. 타인의 감정과 고통을 내 것처럼 이해할 수 있는 공감 능력 덕분에 인간은 문화를 만들고 문명을 조직할 수 있었다. 그래서 제러미 리프킨은 『공감의 시대』에서 인간을 지구상에서 최고의 공감 능력을 진화시켜 위대한 문명을 건설한 '호모 엠파티쿠스(Homo empathicus)'라고 부른다. 이처럼 인간에게는 기본적으로 공감 능력이 있다. 하지만 누구도 상상력 없이는 타자를 공감할 수 없다. 아담 스미스는 『도덕 감정론』에서 공감은 나 자신을 타자의 처지에 놓고 내가 그 유사한 상황에서 무엇을 느끼게 될 것인지를 상상하는 데서 생겨난다고 말한다. 인간은 상상력으로 공감하고, 공감을 통해 타자를 연민하는 것이다.

그런데 방송작가인 주인공은 윤주를 공감(empathy)하지 않고 동정(sympathy)했다. 동정이 자신의 감정에 초점이 있다면, 공감은 타인의 상황과 감정에 초점이 있다. 동정하는 자는 자신의 감정에 몰두해 있기에 타인의 감정이나 상황에 덜 민감한 것이다. 동정이 관계의 방식이라면 공감은 앎의 방식이며, 동정의 목적이 타인의 복지라면, 공감의 목적은 타인에 대한 이해이다. 그녀는 방송작가와 후원받을 출연자의 관계에 집중할 뿐, 윤주를 알지 못했으며, 윤주의 얼굴에 붙은 혹을 떼어낼 수술비를 모으는 데 집중할 뿐, 정작 윤주를 이해하지 못했다. 그녀는 출연자 윤주를 공감하여 연민했던 것이 아니라 단지 동정했던 것이다.

연민의 감정을 갖기 위해 타자에 대한 공감이 필요하고 공감하기 위해 상상력이 필요하지만, 더 큰 문제는 연민의 진정성(authenticity)이다. 진정성은 대가를 요구한다. 연민의 진정성은 뇌과학자 장대익이 『인간에 대하여 과학이 말해준 것들』에서 밝혔듯, '비싼 값을 치를 수 있는 자들만이 보낼 수 있는 정직한 신호'이다. 물론 진정성의 대가를 단순히 물질로 환산할 수 없겠지만, ARS 전화 한 통에 해당하는 값은 아닐 것이다.

주인공이 로기완을 만나기 위해 브뤼셀로 떠난 이유는 타자에 대한 공감을 바탕으로 연민하기 위함이며, 연민의 진정성을 자기에게 묻고자 멀고 먼 길을 돌아 결국 영국까지 가서 로를 만난다. 그 과정에서 로가 남긴 일기장의 독자가 되어 자신만의 비싼 값을 치르며 타인의 고통과 감정을 공유하려 노력했고, 매 순간 로와 동일시된 윤주를 떠올리며 아파한다. 타인의 고통을 온전히 공유하는 것이 근원적으로 불가능하지만, 결국 그 노력의 값이 진정성의 신호임을 소설의 주인공은 깨달은 것이다.

모든 고통은 질량 불변의 법칙을 따른다. 고통의 부피와 모양은 각기 다르다 하여도 결국 저마다 느끼는 무게는 같은 게 아닐까. 어머니의 시신 값을 대가로 목숨을 부지해야 했던 탈북자, 아내의 안락사를 도왔던 의사, 암으로 전이되어 윤주의 귀 한쪽을 잃게 하고 직장을 떠나야 했던 방송작가, 그리고 우리 모두의 고통은 질량이 다르지 않다. 모든 상처는 공명(共鳴)의 성질을 타고난다. 공감을 바탕으로 한 연민이 있을 때, 우리는 진정으로 타인을 이해할 수 있다. 불쌍한 사람들을 대상으로 한 15분짜리 다큐가 순간의 동정을 유발하여 ARS 후원을 유도할 수 있겠지만, 공감과 연민의 진정성을 얻을 수는 없다.

방송작가인 주인공이 직장을 그만두고 로기완을 만나고자 브뤼셀로 떠나고, 브뤼셀 거리를 헤매며 로기완이 겪었던 고통과 아픔을 공유하려 하지만, 그것은 애조에 물가능하였다. 하지만 불가능한 삶의 진실 앞에서 그녀가 추구했던 공감과 연민의 이상은 헛된 것이 아니었고, 그 끊임없는 노력이 결국 자기 이해를 통해 구원의 역할을 하였다. 그녀의 멀고 먼 에움길에 로기완이 남긴 일기가 있었고, 독자의 에움길에는 『로기완을 만났다』라는 책이 있다. 독자는 책이라는 매개를 통해 자기와는 다른 조건을 받아들임으로써 해석이란 에두르기를 거쳐 본래의 '존재 가능'을 찾아내고, 자기의 지평을 넓혀가면서 자기를 이해한다. 책 속 이야기를 통해 드러나는 세계는 윤리적으로 결코 중립적일 수 없는 세계이다. 그 세계와의 만남에서 독자는 일상의 '나'와는 다른 '자기', 내가 알고 있던 세계와는 다른 어떤 '세계'를 발견한다. 독서는 바로 다른 세계의 발견이고 다른 자기와의 만남이다.

  책을 읽으며 독자는 세계를 이해하고 자신의 삶을 이해한다. 그래서 좋은 책은 거울과 같으며 좋은 독서는 맹자가 강조했던 '자기 자신에게서 돌이켜 구한다'는 반구저기(反求諸己)의 의미처럼, 결국 자기를 이해하는 여정과 같다. 조해진의 장편소설『로기완을 만났다』는 독서를 통한 심미적 즐거움을 경험함으로써 자기 이해의 여정에 동참하려는 독자에게 선물 같은 책이다. 이런 책을 만날 수 있다면, 독서는 소중한 자기 이해의 여정이 될 것이다.

그래도 견딘다는 것
고통과 불안 속에 버티는 삶의 가치들

○   용서의 윤리는 완결될 수 있는가

나는 학교 폭력의 피해자다. 가해자는 교사였다. 쉬는 시간에 읽은 책의 한 구절이 생각나 웃었을 뿐이었다. 그는 "선생님이 진지하게 설명하는데 학생이 비웃으면 되냐."라며 나를 교탁 앞으로 불렀다. 나는 상황을 설명하려 했으나 그의 주먹이 먼저 나왔다. 뺨으로 시작한 구타는 신체 부위를 가리지 않는 무분별한 폭행으로 이어졌고, 몸피 작은 내가, 무협영화의 한 장면처럼 교실 벽에 부딪쳐 앞으로 고꾸라지고 나서야 교사의 폭행은 멈추었다. 몸은 고통을 기억하지 않지만, 겁에 질려 질식할 것 같은 교실 공기와 당시 느꼈던 억울함과 모멸감은 지금도 생생하다. 교사의 폭력은 불량한 수업 태도에 따른 체벌로 정당화되었고, 나는 지금도 그를 용서하지 못한다. 병영과 학교가 구분되지 않던 군사독재 시절에 당신만 그랬냐는 말은, 위로가 되지 않았다. 아픈 기억을 떠나보내고자 그를 용서해보려 했으나, 매번 실패했다. 가해자의 사과 없이 용서는 가능할지, 정작 가해자는 뉘우침이 있었을지, 나에게 용서할 권리가 있는지, 살아가는 내내 내게 숙제 같은 질문들이었다.

시몬 비젠탈의 『모든 용서는 아름다운가』는 제2차 세계대전의 막바지, 죽음을 앞둔 나치 장교가 유대인을 병실로 불러 죄를 고백하며 용서를 구하는 내용으로 시작한다. 그 유대인은 장교의 참회를 받아들이지 않고 병실을 나서 버린다. 용서가 아니라 침묵을 선택하며 병실을 나선 그 유대인은 훗날 아돌프 아이히만을 비롯하여 수많은 나치 전범들을 심판대에 세운 전설적인 인물 시몬 비젠탈이었다. 그는 독자에게 물었다. "당신이라면 과연 어떻게 했을 것인가?" 용서 받을 자격과 용서할 권리를 두고 수많은 논쟁을 불러일으킨 이 질문을 두고, 지식인, 종교인, 예술가들의 답변을 담은 이 책을 읽으며, 용서에 관한 담론이 얼마나 어려운지 실감했다. 어떤 이는 비젠탈의 침묵을 옹호하고, 어떤 이는 그가 끝내 용서하지 않은 사실을 비판한다. 홀로코스트, 일본군 위안부, 5.18 등과 같은 역사적 경험이 아니라도 부모의 학대, 학창시절의 폭력, 직장 내 괴롭힘, 배우자의 부정 등을 경험한다면 누구도 쉽게 가해자를 용서할 수 없을 것이다.

　영화 〈파도가 지나간 자리〉의 원작으로 국내에 알려진, M. L. 스테드먼의 장편소설 『바다 사이 등대』는 우리에게 '용서의 윤리'에 관해 말해주는 책이다. 이 소설의 주인공 톰은 제1차 세계대전 참전군인으로 전쟁터에서 부수한 죽음을 목격하고, 살아남은 자의 슬픔과 죄책감에 시달리다 외딴 섬의 등대지기를 자원한다. 섬에서 만난 여인 이저벨도 마찬가지였다. 두 오빠의 전사로 깊은 상처를 받은 이저벨과 톰은 상처가 공명하듯 사랑에 빠지고, 두 사람은 등대섬 야누스에서 행복한 신혼을 시작한다.

하지만 야누스라는 섬 이름처럼, 이들의 행복 저편에 불행이 찾아온다. 아이를 간절히 원했던 이저벨은 축복처럼 찾아온 생명을 몇 번이나 유산한다. 이렇듯 상실의 아픔에 갇혀 있던 부부에게 어느 날 조각배 한 척이 떠밀려오고, 배 안에는 이미 숨을 거둔 남자와 울고 있는 갓난아기가 타고 있었다. 이저벨은 이 아기를 자식으로 키우자 했고, 톰은 당국에 보고하고 부모를 찾아야 한다고 했다. 아내를 향한 사랑과 연민, 자신의 양심과 윤리 사이에서 고뇌하던 톰은 결국 아내의 뜻에 따라 아기를 가족으로 받아들인다.

톰은 아내와 사랑스러운 딸을 흐뭇하게 바라보면서도 마음은 늘 불안하다. 딸의 존재가 이저벨에게 기쁨이 될수록 톰의 죄책감은 점점 커지고, 휴갓길에 아기와 남편을 잃은 해나에 관한 사연을 듣고 톰의 죄책감은 극에 달한다. 부유한 집안의 딸인 해나는 가난한 독일인 프랭크와 결혼하여 딸을 낳고 행복하게 지내다, 어느 날 술 취한 퇴역군인들이 독일인에 대한 반감으로 가족을 위협했고, 아내 대신 이들을 피해 딸을 안고 배를 탄 프랭크가 실종되었던 것이다. 해나는 남편과 딸이 살아 있을지 모른다는 희망으로, 산송장처럼 살아가고 있었다. 이러한 사연을 알게 된 톰은 결국 해나에게 편지를 보내 고백했고, 이저벨은 그런 톰의 행동에 분노했다. 진급에 눈이 먼 형사는 톰에게 살인죄를 씌우려 하고, 해나에게 딸을 돌려주고 이성을 잃은 이저벨은 남편을 향한 분노로 프랭크 사망에 관한 진실을 증언해주지 않았다. 이저벨은 기른 정이 깊은 딸을 해나에게 돌려준 남편 톰을 용서할 수 없었고, 해나는 남편과 딸을 앗아간 톰과 이저벨 모두를 용서할 수 없었다.

여기에 용서의 위계가 존재한다. 본디 윤리는 위계가 없다. 자크 데리다는 『용서하다』에서 대부분의 용서가 피해자와 가해자가 서로 조건을 교환하는 형식으로 이루어진다고 보았다. 용서는 가해자의 참회나 회개가 필요조건이며, 상황에 따라 합의나 처벌도 전제되어야 한다는 것이다. 하지만 이와 같은 조건적 용서는 상황에 따라 최선의 용서가 될지언정 용서하는 사람과 용서받는 사람 사이의 윤리적 위계를 형성한다. 용서는 시혜가 아니며, 용서로 상대에게 은혜를 베풀 수 없다. 그래서 데리다는 '용서할 수 없는 것을 용서하는 것'이 진정한 용서라고 말한다. 사랑할 만한 대상을 사랑하는 것은 누구나 할 수 있지만, 사랑힐 수 없는 것을 사랑하는 것이 어렵듯, 용서도 마찬가지다.

생전에 해나는 남편에게 물었다.

"힘든 일이 정말 많았는데도 늘 긍정적이잖아. 그게 어떻게 가능해?"

"내가 선택하는 거지, 과거에 사로잡혀서 허우적대며 살아갈 건지, 우리 아버지처럼 지난날을 두고 사람들을 증오하며 평생을 보낼 건지, 아니면 모든 일을 용서하고 잊을 건지."

그 일은 이미 일어났고, 용서 여부와 상관없이 상처는 결코 사라지지 않는다. 중요한 것은, 그 상처가 지금의 나를 흔들도록 방치하지 않아야 한다는 사실이다. 달라이 라마가 그의 저서 『용서』에서 말했듯, 용서는 자기 자신에게 베푸는 가장 큰 자비이자 사랑이며, 강력한 치유 수단임을 잘 안다. 자신을 위해서라도 가해자가 남긴 상처와 아픈 기억, 가해자에 대한 분노와 미움을 떠나보내야 한다는 사실도 안다. 그런데 잘 안 된다.

젊은 나이에 사랑하는 아내와 딸을 두고 세상을 떠나야 했던 해나의 남편 프랭크는 생전 아내에게 말했다. "용서는 한 번만 하면 되잖아. 원망은 하루 종일, 매일매일 해야 하는데"

해안으로 밀려오는 폭풍 같았던 해나의 분노를 성찰하

게 한 것은 죽은 남편 프랭크였다. 처음에는 해나도 남편 톰의 살인죄를 증언해주면 딸을 되돌려 줄 수 있다며 이저벨에게 조건적 용서를 말한다. 하지만 남편 프랭크의 말을 회상하며 해나는 결국 조건 없이 두 사람을 용서한다. 해나는 본능적 분노로 시작하여 파괴적 분노에 사로잡혔고, 남편의 말을 곱씹으며 성찰적 분노에 이른다. 파괴적 분노는 증오에서 복수로 이어지며, 해나가 톰을 살인자로 몰았듯 가해자를 악마화한다. 오직 성찰적 분노만이 용서의 윤리에 다가설 수 있는 것이다.

분노하지 않는 자는 용서를 말할 자격이 없다. 하지만 그 분노가 파괴로 치달을 뿐 성찰로 나아갈 수 없다면 결국 그도 용서를 말할 수 없다. 인간은 불완전한 결여의 존재이기에 언제든 잘못하기 마련이며, 이 잘못은 결국 누군가를 피해자로 만들 수밖에 없다. 우리는 언젠가 가해자였고 언제든 가해자일 수 있다. 나는 오랜 세월 교단에 섰고, 내 의사와 무관하게 우월적 지위에 있었음을 부정할 수 없다. 나도 생의 어느 순간 가해자가 아니었을까. 참회와 용서가 없다면, 우리는 거듭날 수 없고, 과오의 감옥에 갇혀 평생 과거에 존재할 수밖에 없다. 프랭크의 말처럼 용서는 한 번만 하면 되지만, 그 한 번을 위한, 긴 원망과 분노의 여정이 용서가 아닐까. 가해자와 주위 사람들은 그 실고 긴 여정을 마치고 피해자가 돌아올 때까지 기다려주어야 한다. 가해자나 제삼자는 섣불리 용서를 말하지 말아야 한다. 아직 용서할 수 없다는 건, 피해자가 그 여정을 마치지 않았다는 뜻이다. 아직 충분히 원망하고 미워하지 못했으니, 돌아올 수 없는 것이다.

이제 나는, 용서할 수 없는 것을 용서하려는 길고 긴 원망과 분노의 여정을 시작할까 한다. 이 여정은 언제 끝날지 모르며, 생이 저물 때까지 마무리되지 않을 수도 있다. 용서의 윤리는 완결을 전제하지 않는다. 중요한 것은 태도와 방향일 뿐이다.

○   스트레스는 중력이다

 병아리처럼 노란 옷을 입고 빨간 가방을 멘 아이가 엄마 손을 잡고 가다 뿌리치며 소리친다. "나 완전 스트레스 받았어!" 아이는 엄마를 남겨두고 혼자 씩씩거리며 앞서 걸어가 버린다. 다섯 살쯤 되었을까. 한국인이 자주 사용하는 외래어 1위가 '스트레스(stress)'라고 하지만, 그 용어를 아이가 일상에서 사용한다는 사실이 신기했다. 의학적으로 스트레스는 적응하기 어려운 환경에 처할 때 느끼는 심리적·신체적 긴장 상태를 의미하니 유아부터 노인까지 우리는 언제든 스트레스를 받을 수 있다. 그런데 언제부터인가 우리 사회에서 스트레스는 부정적인 의미로만 사용되고, 인생 고단함의 척도가 되었다. 심지어 스트레스를 완전히 해소하거나 느끼지 않는 것을 바람직한 인생처럼 여기기도 한다.

 스트레스는 사실 긍정적인 면이 많다. 축구나 배드민턴 시합, 중요한 발표나 시험 등에서 우리는 이상적인 스트레스 반응을 통해 평소보다 힘을 내고 집중력을 강화한다. 혈류량이 늘어나 심장은 더 빠르고 강하게 뛰며 평소보다

훨씬 많은 에너지를 낸다. 이러한 반응은 도전 반응에 속하며 실제 적절한 운동을 한 것처럼 몸에 이롭다. 반대로 똑같은 상황에서 시합, 발표, 시험 등을 자신의 삶에 닥친 위협으로 느낀다면 혈관이 수축하고 염증이 증가하여 신체 손상을 가져온다. 우리가 만병의 근원이라 지목하는 스트레스는 스트레스 자체가 아니라 이러한 위협 반응 때문이다. 심혈관계 질환의 위험성을 높이는 이러한 스트레스 반응은 노화와 질병을 가속하는 것으로 알려져 있다.

만약 우리가 스트레스를 위협으로 느낀다면, 스트레스와 싸우거나 도피하는 수밖에 없다. 스트레스에 대한 투쟁과 도피는 결국 몰아내거나 내가 피하는 것이니 스트레스 대상과 멀어지는 반응이다. 이에 반해 스트레스에 도전하는 자는 스트레스를 받아들이고 나아가 스트레스를 디딤돌 삼아 더 나은 성취를 일구어낸다. 스트레스에 대처하는 과정에서 우리는 그동안 몰랐던 자신의 능력을 발견하고, 정신적으로 성장할 기회를 얻으며, 새로운 가능성과 삶의 방향을 확인한다.

알고 보면, 우리가 맞닥뜨린 기회나 우리가 추구하는 인생의 목표와 의미가 결국 스트레스다. 그깟 대학 안 가고, 승진 안 하면 그만이다. 사랑하지 않으면 그만인 것을 이별하고 죽을 듯이 스트레스 받는다. 나는 그깟 텔레비전에 안 나오면 그뿐인데, 10여 년 전 텔레비전 생방송에 고정 출연했다. 내성적이고 사람 앞에 나서는 것을 꺼리는 성격에 미칠 듯이 후회하며 스트레스를 받았지만, 다른 출연자들 덕분에 나중에 적응하여 프로그램이 종영될 때까지 함께했다. 물론 그 경험이 이후 내 삶에 긍정적인 영향을 끼쳤다.

미국 심리학자 켈리 맥고니걸은 저서 『스트레스의 힘』에서 스트레스를 받으면 평소보다 옥시토신이 다량 분비된다고 하였다. 옥시토신은 원래 산모가 출산할 때 자궁을 수축하기 위해 분비되는 호르몬이며 스트레스 상황에서는 남녀 모두 수치가 올라가는 것으로 밝혀졌다. 인간은 옥시토신 덕분에 공감, 유대감, 신뢰감이 생기고 나아가 뇌의 공포 중추를 억제해서 용기를 낼 수 있다. 직장인에게 실직이야말로 극심한 스트레스 상태인데, 이럴 때 해고노동자들은 오히려 강해지고 평소 관심 없던 동료들과 어깨를 맞대며 연대한다.

독일의 신경생물학자 요아힘 바우어는 『인간을 인간이게 하는 원칙』에서 인간은 원래 경쟁보다 협력을 통한 관심과 공감의 동물이라고 하였다. 바우어는 특히 사람들이 서로 인정하고 존중하며 애정을 주고받을 때 옥시토신이 많이 분비된다는 사실을 강조했다. 그런 점에서 스트레스는 단순히 뭔가 잘못됐다는 신호가 아니라, 사람들과의 연대를 통해 힘든 상황을 헤쳐 나가도록 돕는 기회이기도 하다. 그래서 순간의 괴로움을 덜고자 피하기보다 같이 힘들어하는 사람을 돕고 배려하며 함께하는 노력이 중요하다. 직장에서 업무로 스트레스를 받았다면, 그러한 업무를 피하거나 동료에게 전가하기보다 동료와 함께 협업하여 극복하는 것이 현명하며, 학교에서 학업 스트레스를 받았을 때도 마찬가지다.

물론 이러한 마음가짐은 우리 직장과 학교에서 구성원 상호간의 경쟁에 따른 실적을 지나치게 요구하지 않는 문화가 선행되어야 가능하다. 경쟁을 중시하는 자들은 근시안이라, 멀리 보지 못하고 당장의 이익과 결과에 급급하기 마련이다. 서로를 살리고 성숙시키기 위한 경쟁이 아니라 동료를 낙오시키는 경쟁은 권력에 조종당하는 꼭두각시 놀음에 불과하다. 인간의 뇌가 옥시토신을 분비해서 이타적 행동을 하도록 권장한 덕분에 사회적 존재인 인간이 지금까지 번성할 수 있었음을 잊지 말아야겠다.

스트레스는 중력과 같아서 몸을 지닌 인간은 절대 벗어날 수 없다. 하지만 중력에 도전하여 결국 인간이 하늘로 날아올랐듯 자신에게 닥친 스트레스에 도전하며 인간은 성장한다. 정신의학자 알프레드 아들러는 비관주의는 기분에 속하고 낙관주의는 의지에 속한다고 하였다. 자신에게 닥친 스트레스를 두고 순간의 기분에 매몰되어 비관하지 않고 자신의 의지로 낙관해야 한다. 인생은 누구에게나 어렵다. 도전하는 자는 결과에 흔들리지 않는다. 다시 도전하면 되기 때문이다. 도전하면 적응하고, 적응하면 극복한다. 스트레스 받았다고 엄마를 두고 먼저 가버린 아이를 보며, 어린 녀석이 무슨 스트레스냐며 웃어넘길 수만은 없다. 누구나 자기 스트레스가 가장 커 보인다. 다만, 아이가 엄마를 두고 혼자 가기보다 엄마 손을 꼭 잡고 함께 스트레스에 도전했으면 한다. 엄마도 너를 키우는 것이 행복하지만, 엄청난 스트레스란다.

○　　　　　　불안은 영혼을 잠식하는가

 우리는 불안한 자의 후예다. 인간은 온갖 위험으로부터 자신을 보호하고자 불안이라는 감정을 발달시켰다. 불에 손을 대 통증을 느끼기 전에 아기는 불에 대한 불안이 없다. 그래서 호기심 가득한 눈빛으로 불을 향해 손을 뻗는다. 통증이 없으면 위협을 감지할 수 없어 심각한 위험에 빠지는 것처럼, 불안이 없으면 위협에 대처할 수 없어 생존하기 어렵다. 원시시대는 맹수의 위협과 각종 자연재해 등으로 인간의 생존조건이 열악했다. 불안을 감지하지 못하고 겁 없이 마음 편히 지냈던 종족은 도태돼 유전자를 이어갈 수 없었을 것이다. 요컨대, 사소한 위험신호에도 불안에 떨었던 이들이 우리 선조다.
 한국사회에서 인간의 생존조건도 열악하기는 마찬가지다. 갈수록 자기성취의 전망은 불투명해지고, 사람 사이의 신뢰와 사랑에 기초한 관계가 흔들리면서 사람들의 자아정체성이 흔들려 불안이 심화하고 있다. 10대는 학업 불안, 20·30대는 취업 불안과 주거 불안, 30·40대는 고용 불안과 승진 불안, 50대 이후부터 죽는 날까지는 노후 불안으로 이어진다. 한국인의 삶은 생애주기별 불안의 연속체이다.

살아보면 인생은 결국 불안한 자유와 안정된 구속 중에 하나를 택할 수밖에 없는 듯하다. 세상에 안정된 자유는 없다. 모든 자유는 불안하며 모든 안정은 곧 구속이다. 철학자 키르케고르는 『불안의 개념』에서 불안을 '자유가 경험하는 현기증'이라 말한다. 결국, 자유를 갈구하는 자는 더 큰 불안과 마주하며 살아가야 한다. 그럼에도 현대인들, 더군다나 젊은이들조차 자유보다 기꺼이 구속을 택한다. 프리랜서나 창업을 꿈꾸기보다 공무원이나 대기업을 선호하는 다수를 탓하고 싶은 마음은 없다. 그들이 소중한 자유를 대납하면서까지 안정을 선택하는 것은 한국사회가 지나치게 불안하기 때문이다.

인간의 근원적인 불안은 낯선 환경에 적응하고자 할 때 주로 드러난다. 아이가 엄마와 처음 떨어질 때, 첫 등교, 첫 실직, 처음 당하는 늙음과 죽음에 직면했을 때 인간은 불안하다. 하지만 이러한 불안에 적절히 대처하며 인간은 변화하고 성장하여 삶의 의미를 익혀간다. 따라서 중요한 것은 불안의 정도나 수준보다 오히려 당사자가 불안에 어떻게 대처하느냐이다.

정신의학에서 불안은 근원이 확실치 않은 큰 위험이 곧

닥쳐올 것 같은 예감 때문에 생기는 걱정, 긴장, 불편함을 말한다. 만약 당사자가 분명히 알고 있는 위험이라면, 그것은 불안이 아니라 두려움이다. 철학에서 실존주의자들은 인간이 삶의 공허함을 느끼고 인간 존재의 의미를 찾지 못할 때 보이는 정서 반응이 불안이라고 본다. 그래서 삶의 의미를 찾아주는 로고테라피(logo-therapy)에 주목한다. 로고테라피는 정신과 의사이자 자신이 홀로코스트 피해자였던 빅터 프랭클이 창안하였고, "왜 살아야 하는지 아는 사람은 그 어떤 상황도 견딜 수 있다"는 니체의 말처럼, 삶의 가치를 깨닫고 목표를 설정하도록 하는 데 목적을 둔 실존적 심리치료 방법이다.

똑같은 날이 반복된다면 우리는 불안할 이유가 없다. 미래를 예측하기에 고민이 생기고, 그 예측은 과거의 경험에서 출발한다. 낯선 미래가 불안의 대상인 것이다. 인간은 계획을 세울수록 불안해진다. 되는대로 사는 자가 불안에 떨 리 없다. 사람이 세상을 살아갈 수 있는 것도 미래가 불확실하기 때문일지 모른다. 끝이 정해진 뻔한 삶은 죽은 삶이다. 계획을 세우거나 결정을 내리는 뇌 부위는 전두엽이다. 전두엽을 부분적으로 다친 사람은 고민도 없다고 한다. 요컨대 불안은 미래를 진지하게 고민했다는 증거이다. 올림픽을 계획하고 준비하며 실수에 대한 불안함이 없었다면 동계올림픽에서 김연아의 완벽한 연기를 우리는 볼 수 없었을 것이다.

모든 낯선 것은 불안하다. 인문학은 익숙한 대상을 낯설게 하고, 지루한 것을 새롭게 보게 하는 안목을 기르는 공부이기에 불안한 자의 후예인 인간은 인문학을 발전시켰다. 인문학은 관념적인 게 아니라 불안한 우리의 일상 속에서 우러나오는 공부다. 불안을 딛고 익숙함과 결별해 낯선 세계를 마주하는 용기, 금기와 억압의 봉인을 풀고 그 속에 갇힌 가치들을 소환해 삶의 의미를 묻는 실천도 인문학에서 나온다. 그리하여 입센의 희곡 『인형의 집』에서 주인공 노라는 남편에 기대어 안온하고 비루한 생존을 이어가기보다 자아를 깨닫고 삶의 의미를 찾아 불안한 세계로 나아갈 수 있었다.

세계는 의미로 가득 차 있다. 삶의 의미는 내가 애써 걸어 도달하는 지점에 있지 않고 걸어가는 길 곳곳에 존재한다. 단지 스스로 이를 발견하지 못할 뿐이다. 오전을 사는 이에게 오후도 미래다. 성실하게 산 하루하루가 모여 인생이 된다. 불안하지 않은 삶은 이미 죽은 삶이다. 불안을 끌어안고 우리는 뚜벅뚜벅 나아가야 한다. 그 불안 속에 삶의 의미는 어두운 터널 끝의 빛처럼 또렷하게 나타날 것이다. 열정은 자유롭고 자유는 불안하다. 타성과 관성이 아니라 불안한 열정이 이끄는 곳에 삶의 의미가 있다. 삶의 의미를 찾지 못하는 자의 불안은 영혼을 잠식하지만, 의미 있는 삶을 추구하는 자에게 불안은 영혼을 깨우는 촉매이다.

○ 젊은 날의 방황은 아름답다

오래전, 대학생들이 좋아하는 소설에 이문열의 『젊은 날의 초상』이 빠지지 않던 시절이 있었다. 소설은 젊은 날의 통과의례를 다루고 있었다. 소설에 자주 등장하는 혼돈과 방황이란 낱말은, 당시 젊은 날의 특권처럼 회자되곤 했다. 젊은 날의 방황이 아름다운 이유는, 현실에 단단하게 뿌리를 박지 못하지만, 현재보다 좀 더 나은 미래를 추구하는 에너지가 바탕에 깔렸기 때문이다.

더글러스 러시코프의 『카오스의 아이들』을 읽으며 카오스, 즉 혼돈에 대해 많은 생각을 할 기회가 있었다. 과학이론쯤으로 여겼던 이 이론이 영상세대를 이해하는 키워드가 될 줄은 생각도 못했던 바였다. 특히 20대란 한국적 상황에서 혼란스럽기 그지없는 나이다. 대학에 입학하자마자 차분히 계획을 수립하고 도서관에서 영어책을 열심히 파고드는 학생들도 많겠지만, 갑자기 주어진 자유와 미래에 대한 막연한 불안이 교차하면서 방황하는 학생들도 적지 않다.

나는 대학시절 질낭과 혼돈 속에서 자살여행을 간 적이

있다. 결심이 서자, 가족에게 알리지 않고 홀로 밤 기차를 탔다. 그 누구도 나를 알지 못하는 곳에서 조용히 세상을 떠나고 싶었다. 어쩌면 당시 나는 죽고 싶었다기보다 내가 살아야 할 이유를 찾고 싶다는 바람이 더 강했는지 모른다. 지금도 내가 『젊은날의 초상』을 잊지 못하는 건, 당시 자살여행의 결정적인 동기가 그 소설이었기 때문이다.

하지만 죽으려는 시도는 너무 무서운 나머지 실행하지 못했고, 살아야 할 이유도 찾지 못했다. 며칠간의 방황 끝에 지친 몸으로 다시 집으로 돌아오는 밤 기차를 탔다. 심야 기차 안은 아이가 먹다 버린 옥수수처럼 드문드문 승객이 타고 있을 뿐이었다. 오랜 방황으로 몸이 지쳐, 의자에 속 비워낸 쌀자루처럼 널브러져 잠들어 있을 때였다. 갑자기 문이 벌컥 열리며 한 여자아이가 달려와 내 가랑이 사이에 숨었다. 나이는 겨우 열예닐곱 살쯤 되었을까. 입술이 파랗게 질리고 나이에 어울리지 않게 짧은 치마에 짙은 화장을 한 얼굴이었다.

"아저씨 살려주세요! 제발 살려주세요!"

더욱 당황스러웠던 건, 이어 문이 다시 벌컥 열리며 가죽 잠바를 입고 머리를 짧게 깎은 두 남자가 객차에 들어와 황소 눈으로 그 여자아이를 찾고 있다는 사실이었다. 당시 연일 어린 여자와 관련한 인신매매 기사가 신문에 실렸고, 그 배후에 폭력배들이 있다는 분석 기사도 부록처럼 실렸다. 나는 무서웠다. 그런데도 눈화장 때문에 검은 눈물을 흘리며 우는 여자아이를 향한 연민과 자살여행에서 오는 이판사판의 심정으로 그 여자아이를 구하려 용기를 냈다. 부산 당감동에 산다는 그 여자아이는 가출소녀였고, 폭력배들에게 붙들려 술집에 팔려 가는 중이었다.

소녀를 내 가랑이 사이에 숨기고, 그 위를 내 배낭으로 덮은 후에 잠든 척했다. 두 사내는 객차 사이를 오가며 분주히 소녀를 찾고 있었다. 쿵쿵 울려대는 내 심장과 바들대는 소녀의 잔약한 떨림이 우리 두 사람의 두려움을 몰아내려 애쓰고 있을 뿐이었다. 두 사내는 수색을 포기하고, 부산역에 도착하자 맨 먼저 내려 하차하는 승객들을 노려보고 있었다. 역무원이나 도와줄 건장한 남자들이 보이지 않는 상황에서 눈에 띈 것은, 서울 시장에서 물건을 떼다 파는 아주머니들이었다. 큰 보퉁이를 머리에 인 아주머니들이 삼삼오오 하차 준비를 하고 있었다. 소녀와 눈빛을 교환하고, 잽싸게 그 무리 사이에 끼어 하차했다. 다행스럽게 아주머니들이 큰 보퉁이를 이고 들고 하며 무리를 이루었기에 그사이에 낀 우리는 들키지 않을 수 있었다. 하지만 택시 승강장에 다다른 지점에서 아주머니들이 흩어지는 바람에 우리는 늘키고 말았다. 두 사내는 뒤늦게 우리를 발견하고 크게 소리치며 쫓아왔다. 우리는 무조건 눈에 띄는 택시에 올라타, 택시 기사에게 어디로든 빨리 가자고 외쳤다.

우리 둘은 어찌어찌하여 험상궂은 두 사내를 따돌리고, 그 아이가 사는 집에 무사히 도착할 수 있었다. 물론 그 과정에서 심야의 질주로 부산역에서부터 두 사내를 따돌렸던 택시 기사의 노고를 잊을 수 없다. 심야 당감동 그 아이의 집에 불이 켜지고, 울며 부둥켜안는 모녀를 보고는 안도하며 돌아섰다. 택시비로 남은 돈을 다 써버려 터벅터벅 걸어서 집으로 향했다. 당감동 산복도로에서 희붐한 하늘을 보았다. 차가운 새벽 기운이 온몸에 스며들자 갑자기 웃음이 나왔다. 한참을 웃었다. 이윽고 웃음을 그친 후, 나도 모르게 조용히 읊조렸다. "살고 싶다."

혼돈과 방황은 키르케고르가 죽음에 이르는 병이라 말하던 절망으로 이어지기도 한다. 나는 지금도 그 첫새벽에 왜 나에게 살고 싶은, 생을 향한 강한 애착이 생겼는지 명쾌하게 설명하기 어렵다. 다만, 내가 누군가를 지켰다는 사실. 내가 돌보아야 할 누군가가 있다는 사실이 내가 살아가는 이유로 충분하지 않을까 생각했다.

나치의 유대인 학살 때, 흔히 유대인들이 독가스실에서 많이 죽은 것으로 알지만, 사실은 많은 유대인이 절망으로 죽어갔다고 한다. 대부분이 질병과 절망으로 죽어간 한 수용소에서 생존자에게 기자가 생존 비결을 물은 적이 있다. 이 유대인은 절망의 끝에서 사금파리로 동맥을 그어 자살을 시도하다 한 소년을 발견했고, 자신은 부모가 먼저 죽은 이 소년을 돌봐야 한다는 집념으로 끝까지 살아남을 수 있었다고 한다. 그리고 덧붙이기를, 내가 이 소년을 돌본 것이 아니라, 사실은 이 소년이 나를 살아갈 수 있도록 돌보아준 것이라고 말했다.

심리학에서 방어기제는 인격이 자기를 방어하고, 갈등을 일으키는 충동들 사이를 타협시켜 내적 긴장을 완화하는 심리적 장치를 말한다. 흔히 아이들은 자기에게 맞지 않는 것은 무조건 인정하지 않으려는 '부정'이나, 자기 내부의 문제나 결점을 무조건 남의 탓으로 돌리는 '투사'라는 방어기제를 사용하고, 성인 중에서도 억압이나 반동형성으로 대처하는 이들이 있다. 심리학자들이 권하는 성숙한 방어기제로는 이타주의, 유머, 승화 등이 있다. 지금 생각해보면, 나는 '이타주의'라는 방어기제로 나를 지켜낸 게 아닐까 싶다. 그즈음 나는 오직 내 존재 이유를 나 자신 안에서만 찾으려고 했다. 지금은 힘들어도 쉽게 흔들리지 않은 이유가 내 곁엔 항상 내가 돌봐야 할 사람들이 있기 때문이다.

그래도 견딘다는 것

오래전, 나는 불의의 교통사고로 나보다 어린 가족을 잃었다. 그즈음 신경숙의 소설 『감자 먹는 사람들』을 우연히 읽게 되었다. 이 소설에서 사랑이란 그냥 사랑이 아니라 언제나 이별과 상실을 전제로 한 사랑이었다. 딸을 잃은 아빠, 남편을 먼저 보낸 젊은 언니. 아버지의 죽음을 목전에 둔 가족들. 어쩌면 힘겹게 이 소설을 읽어나간 건, 타인의 상처를 붕대 삼아 내 상처를 감싸려 했던 마음이 아니었을까. 못 해준 것만 생각나는 게 사랑이라는, 소설의 한 구절이 퍼런 멍이 되어 지금도 남아 있다. 문득 식탁에 앉아 콩자반을 뒤적이다가도 눈물이 왈칵 쏟아지는 힘겨운 시간, 그때 나를 지탱해준 것도 나 못지않게 힘겨워하는 다른 가족을 돌보아야 한다는 사실이었다.

  20대의 방황과 혼돈. 소설 『젊은 날의 초상』에서 주인공은 '절망은 존재의 끝이 아니라 진정한 출발'임을 깨닫는다. 난 그 출발점이 사실은 내 안이 아니라 내 주위에 있음을 깨닫는다. 지금까지 나를 지킨 건 내 자신이 아니라, 내가 지키려고 애썼던, 그 모든 것들이었음을.

○ 자존심보다 자존감이 중요한 이유

  소포클레스의 비극 『아이아스』는 『오이디푸스왕』이나 『안티고네』에 비해 잘 알려지지 않았지만, 현존하는 그의 비극 중 가장 오래된 작품이다. 호메로스의 『일리아스』덕분에 트로이 전쟁의 영웅으로 아킬레우스나 오디세우스는 우리에게 익숙하지만, 정작 아이아스만큼 많은 무공을 세운 영웅은 드물다. 트로이 최고의 전사 헥토르와의 맞대결에서 해 질 무렵까지 승부를 내지 못할 만큼 무공이 뛰어났고, 아킬레우스의 부재를 노려 급습한 트로이군을 끝까지 막아낸 장수가 아이아스였다. 오디세우스를 구출하고, 파리스의 화살에 맞아 전사한 아킬레우스의 시신을 목숨 걸고 적진에서 업어 온 자도 아이아스였다.

  아이아스의 비극은 아킬레우스의 유품인 갑옷을 두고, 오디세우스와 경쟁을 벌이며 시작된다. 아킬레우스의 어머니 테티스가 가장 용감한 전사에게 아들의 갑옷을 주겠다고 말했으니, 아이아스는 당연히 그 자격이 자신에게 있다 여겼다. 그런데 오디세우스도 자신이 자격이 있다며 나섰다. 총사령관 아가멤논은 결과에 책임지기 싫었기에 판단을 배심원들에게 맡겼다. 우직하고 용맹하나 눌변의 아이아스는 영리하고 능변의 오디세우스를 당해낼 수 없었다. 배심원들은 오디세우스의 손을 들어주었고, 자신보다 못하다고 생각한 오디세우스가 자신보다 인정받았다는 사실에 아이아스는 격분했다.

아이아스에게 중요한 것은 아킬레스의 갑옷이 아니라 자존심이었다. 자존심은 본디 주위의 인정에서 나온다. 그의 자존심은 그리스 연합군이란 공동체 구성원의 인정으로 유지될 수 있기에, 아이아스는 자존심에 깊은 상처를 입고 수치심에 빠졌다. 결국, 아이아스는 광란의 살육을 벌였고, 정신을 차리자 그 대상이 가축이었음을 알고 수치심을 견디지 못해 주위의 만류에도 자신의 칼로 자살했다. 적장을 향해야 할 아이아스의 검이 자신을 향하게 했던 이유, 그리하여 어떤 맹장도 쓰러뜨리지 못했던 아이아스를 죽음으로 몰아간 것은 자신의 자존심이었다.

나카지마 아쓰시의 소설 「산월기」에서 당나라 시대 지방 관리인 이징은 자신이 뛰어나다고 판단했기에 미관말직에 머물며 상관 비위나 맞추느니, 시인으로 이름을 남기겠다며 사직했다. 그러나 시는 뜻대로 지어지지 않았고, 생계를 위해 다시 지방 관리가 된다. 그런데 자기만 못하다고 여긴 동기들은 승진하여 자신의 상관이 되었고, 우둔하다고 여긴 자들이 자신보다 잘나가는 모습을 보자 이징의 자존심은 크게 상처받았다. 자존심의 상처 사이로 수치심은 고름처럼 배어 나오고, 결국 이징은 미쳐서 사람을 잡아먹는 호랑이가 된다. 자존심과 수치심 사이에서 호랑이를 키운 것은 이징 자신이었다.

자존심 없는 사람은 없다. 중요한 것은 자존감이다. 자존심과 자존감은 비슷해 보이나 다르다. 자존심이 타인에게 인정받고 싶은 욕구라면, 자존감은 있는 그대로의 자신을 존중하고 사랑하는 마음이다. 자존감(self-esteem)은 미국의 심리학자 윌리엄 제임스가 1890년대에 처음 사용한 용어로, 그는 자존감의 상처가 우울증을 가져오고 자살로 이어질 수 있다고 경고했다.

아이아스와 이징의 예에서 보듯, 자존심은 타인에게 인정받지 못하면 모래성처럼 쉽게 무너진다. 자존심은 속성상 타인과의 경쟁을 피할 수 없다. 남들보다 좋은 차, 비싼 집, 높은 연봉 등 자존심을 지키는 데는 비용이 많이 들며 아무리 노력해도 자신보다 나은 자 앞에서는 자존심이 상처를 입을 수밖에 없다.

자존심은 자기를 굽히지 않는 마음이다. 아이아스가 아킬레우스의 갑옷을 얻지 못했다 하더라도 그는 자체로 충분한 맹장이지 트로이 전쟁의 영웅이었다. 이징 역시 어려운 시험을 통과하여 관직에 등용되었으며, 박학다식하고 영민한 인재였기에 그 자체로 충분했다. 질투나 열등감이 힘이 될 때가 있고, 타인과 나를 비교하며 자존심을 지키려 발전하기도 한다. 하지만 그것은 자기 발전의 원동력으로 삼을 때만 의미가 있다. 타인에게 인정받고 우월감을 느끼려는 마음이 강할수록 자존감은 작아지고 자존심만 커진다. 내가 잘났다 생각하는 자존심과 나를 소중히 여기는 자존감, 아이아스와 이징이 자존심이 아니라 자존감이 있었다면 비극적인 죽음을 맞거나 호랑이로 변하지 않았을 것이다.

 우리 사회는 끊임없이 평가하고 평가당할 것을 요구한다. 입시, 취업, 승진 등 생애 주기마다 관문을 만들고, 그것을 넘지 못한 이들을 열등감에 빠지게 한다. 어릴 때부터 늘 평가당하는 이들은 타인의 인정을 갈망하고, 자기 판단의 기준을 외부에 두며, 열등감과 우월감, 수치와 교만 사이를 배회하게 된다. 칭찬에 우쭐하지 않고 비판에 흔들리지 않는, 그리하여 자신을 소중히 여기면서도 타인을 존중하는 자존감은 오랜 세월 노력하여 내 몸에 새기는 마음 습관이다. 내 안에 호랑이를 키우고 싶지 않다면, 자존심을 내려놓고 자존감을 찾아야 한다.

다산 정약용과 체 게바라

 홍문관 수찬 정약용은 저녁 숙직 자리에서 극비리에 임금의 부름을 받고 어전에 나아가, 암행어사로 복명하라는 명을 받는다. 정약용은 임금의 명으로 경기도 북부 6개 고을을 암행하였는데, 이 경험이 그의 일생에 큰 영향을 끼치게 된다. 일찍이 벼슬길에 오른 아버지 덕택에 사또 자제로 귀하고 유복하게 자란 다산은 책 읽기를 좋아하며 풍광을 읊고 자연을 관조하는 시를 즐겨 썼다. 그런 다산이 암행어사로 잠행하며 목격한 18세기 후반 조선 농촌의 실상은 참담하고 충격적이었다. 목민관들의 부정부패와 탐관오리들의 등쌀에 피폐해진 백성들의 실상을 보면서 다산은 가난하고 힘없는 백성들의 권익을 위해 생애를 바칠 결심을 굳힌다.

 그리하여 다산의 시가 바뀐다. 자연을 관조하던 다산의 시는 투철한 문제의식을 보여주는 사회 시, 비판 시로 바뀌었고 시에 세상을 개혁하려는 의지를 담았다. 자신이 퇴락하고 힘들 때에 타인의 아픔을 공감하기는 쉽다. 하지만 홍문관 교리와 수찬을 거쳐 암행어사로 출세가도를 달릴 무렵 약자 편에 서서 다산처럼 행동하는 것은 어렵다. 만약 다산이 백성들의 피폐한 현실을 경험하지 않았다면, 더불어 다산이 문학적 감성과 공감 능력으로 백성의 아픔을 자신의 아픔으로 받아들이지 않았다면 우리가 아는 위대한 다산은 존재할 수 없었을 것이다.

체 게바라는 아르헨티나 상류층 집안의 아들로 자라 의학박사 학위를 받고 의사로서 안정된 생활을 누릴 수 있었다. 그는 젊은 날 고물 오토바이 포데로사를 타고 무작정 떠난 여행에서 서구 다국적 기업의 횡포와 지배층의 부정부패에 착취당하는 남미 민중의 피폐한 현실을 목격하고 인생의 진로를 바꾼다. 체는 메스를 놓고 총을 잡았다. 쿠바 혁명에 동참한 체 게바라는 카스트로와 함께 혁명에 성공하지만, 권력의 맛에 도취하지 않고 다시 콩고 혁명과 볼리비아 농민혁명에 백의종군하였고, 서른아홉의 나이에 볼리비아 정부군에 붙들려 산중에서 총살된다.

그가 죽는 날까지 메고 다녔던 남루한 배낭에서 평소에 좋아하는 시를 필사한 노트가 발견되었다. 노트에는 체 게바라가 사랑했던 네 명의 시인 파블로 네루다, 세사르 바예호, 니콜라스 기옌, 레온 펠리페의 시가 빼곡히 적혀 있었다. 그는 어릴 때부터 독서광이었다. 심한 천식을 앓았던 그는 기도가 막혀 숨을 쉬기 힘들 때도 침대 모퉁이에 책상을 올려놓고 책을 읽었다. 체 게바라는 15세 때부터 시를 썼고 네루다의 사랑에 관한 시들을 좋아하여 『스무 편의 사랑의 시와 한 편의 절망의 노래』를 즐겨 암송했다.

사르트르가 체 게바라를 '우리 세기 가장 성숙한 인간'으로 평가하는 데는 바로 이러한 문학적 감성을 바탕으로 한 공감 능력과 신념을 실천하는 결단력이 있었기 때문일 것이다. 다산과 체의 독서는 삶의 현장과 함께했다. 특히 그들이 즐겨 읽고 썼던 시는 그들로 하여금 문학적 감성으로 타자를 공감하는 힘을 길러주었다. 사는 게 팍팍하다며 더는 책을 읽지 않고 시를 쓰지도 읽지도 않는 시대, 한 권의 시집을 읽으며 밤새워 뒤척이는 경험 없이, 그러한 감성으로 타인을 공감해보지 못하고 우리는 사춘기를 건너고 젊은 날을 보낸다.

10대가 시대에 반항하고 20대가 시대에 저항한다면, 30대는 시대에 적응하고 40대 이후는 벗어날 수 없는 현실에 타협한다. 간혹 현실에 묻히기에는 너무도 비굴해지는 자신의 삶에 냉소하기도 하지만, 결국 우리는 자신의 한계로 시대에 얽매여 있으며, 시대가 주는 무게에 허덕이며 산다. 우리의 현재를 30대와 40대 이후가 이끌었다면, 우리의 미래는 10대와 20대가 꿈꾸는 곳에 있다. 그런데 지금 10대는 교실 뒷자리에 엎드려 자고 20대는 자본의 논리에 복종하려 스펙을 쌓는 데 열중한다. 자본이 우리 존재를 대신 채우려 하는 허무의 시대, 미성숙한 자들이 사회의 부와 권력, 권위를 차지하는 시대에 다산과 체를 떠올리며 성숙한 인간에 대해 고민한다. 다산 정약용과 체 게바라는 자신의 욕망과 모순을 엄격하게 마주하면서도 타인의 실존을 아파하는 마음으로 살았다. 또 자신이 우월한 지위나 권력을 갖고 있음에도 타인을 억압하거나 부당한 일을 강요하지 않았으며, 공동체가 직면한 불의와 부당함에 저항하였다.

아이들에게 꿈이 뭐냐고 물었더니 "돈 많이 버는 거요!"라고 합창하듯 소리친다. 어른들의 가치관이 반영되었을 터, 우리는 지금 자본이 세뇌한 새로운 전체주의 사회에 살고 있다. 타자와 함께하는 감성, 세계를 해석하고 성찰하는 이성, 미래를 결단하는 지성과 의지를 지닌 이가 성숙한 인간이다. 그러한 인간은 문학적 감성으로 성장하고 폭넓은 독서로 세계를 이해하며 끊임없이 자신을 성찰하여 미래를 꿈꾸고 실천하는 의지를 지닐 때 가능하다. 아이들에게 다산과 체의 삶을 들려주고 싶다.

○   우리는 생각한다, 고로 우리는 존재한다

비밀결사조직의 전단처럼 조악한 인쇄와 이미 많은 사람의 손을 거쳐 겉표지가 너덜너덜해진 『페다고지』를 처음으로 받아 든 건, 대학 일 학년 때였다. 당시 그 책을 건네주던 선배의 결연한 표정은 너무 비장하여 차라리 희극적이었다. 선배와 나는 괜스레 아무도 없는 골방에서 누가 보기라도 하듯 주위를 흘끔거리며 긴장했다. 흔히 '민중교육론'이라 불렸던 파울로 프레이리의 『페다고지』를 가슴에 품고 집으로 돌아오는 길, 조급히 걷는 내 발걸음에 맞추어 끊임없이 가슴을 두드리던 큰 북소리를 선명히 기억한다. 당시 그 책은 소지하는 것만으로도 감옥에 갈 수 있는 금서였다. 집으로 돌아와 문을 걸어 잠그고 책을 읽는 내내, 그동안 주입식 교육만 받아왔던 나는 깊은 충격에 빠졌다.

그즈음 나는 이름도 모르는 인문대 불문과 여학생을 연모했다. 언제나 청바지에 하얀 티셔츠를 입고 손수건으로 긴 생머리를 질끈 동여매고 다니던 그 여학생의 강단 있는 모습이 마냥 좋았던 나는, 그 학과 수업에 가끔 청강을 하러 가곤 했다. 그날 밤을 지새며 『페다고지』를 모두 읽고, 그 감흥이 채 가시지도 않은 채, 나는 여느 때처럼 불문과 여학생이 듣는 수업을 청강했다.

1980년대 대학 강의실이 대부분 그러했듯, 학생들은 고개를 떨어뜨린 채, 교재에 밑줄을 긋거나 노트에 필기를 하고 있었다. 파울로 프레이리가 『페다고지』에서 비판한, 요점정리식 기계적 암기를 통해 지식을 축적하기만 하는 저축식 교육 방식이 그 수업에서 이루어지고 있었다. 이러한 수업에서 학생은 참을성 있게 귀만 기울이면 되는 객체화의 대상일 뿐이었다.

처음에는 인내하며 청강했지만, 결국 밤새 읽은 『페다고지』의 활자들이 환영처럼 곰실대며 살아 움직이기 시작했다. "의사소통을 차단하는 것은 곧 인간을 물건 상태로 전락시키는 것이며, 의사소통을 위한 변혁은 대화의 과정을 통해서 이루어진다. 그리고 대화가 박탈된 개인은 억압을 받고 있는 것이다"라는 책 내용이 외침이 되어 내 귓가를 맴돌았다. 나는 타 학과 청강생인 처지를 잠시 잊고, 손을 번쩍 들어 교수에게 질문하며, 수업 내용에 이의를 제기했다. 물론 당시 그 여학생 앞에서 내 존재를 드러내고픈 치기 어린 행동이었음을 부인하지 않는다. 하지만 그보다 수업에서 다루는 작품이 평소 내가 좋아하던 작가의 작품이었고, 그 작품에 대한 나름의 해석과 판단을 사람들과 공유하고 싶은 욕구가 더 컸다. 돌이켜 보니, 어쩌면 나는 그 수업에서 교수와 대화를 시도한 유일한 학생이었는지도 모른다. 하지만 나의 해석은 보기 좋게 묵살되었고, 담당교수의 일방적 설교는 또 지루하게 이어졌다.

"제 해석에 대한 교수님의 의견을 꼭 듣고 싶습니다!"

소통되지 않는 한 사람의 일방적 발언은 때론 침묵과 같은 법이었다. 얼음 같던 침묵이 깨졌다.

"학생과 소통하지 않고, 어떤 문제 제기도 없는 교육은 죽은 교육이라고 생각합니다."

애초 대수롭지 않게 무시하고 넘어가려던 교수의 표정은 점점 불쾌감과 분노의 표정으로 바뀌어갔다. 당황한 사람은 정작 교수와 내가 아니라, 그 강의실을 메우고 있던 백 명 가까이 되는 학생들이었다. 사람이란 원래 익숙한 것에는 당황하지 않는 법, 그때 나를 슬프게 했던 건, 어린 학생을 무시하는 교수의 시선이 아니라, 내 행동에 제재를 가하는 동료 학생들의 시선이었다. 결국 나는 침묵의 무게를 견디지 못하여 자리에 다시 앉았고, 낭패감과 좌절감에 몸 둘 바를 몰랐던 기억은 지금도 아픈 상처로 남아 있다. 고교 시절까지 수업 시간에 질문 하나 제대로 던져본 적 없이 소심하고 내성적이었던 나에게 『페다고지』와 그 책으로 비롯된 체험은 이후 내 삶에 깊은 영향을 주었다.

이제 시대가 변했고, 신자유주의 시대에 민중교육을 들먹이는 『페다고지』가 무슨 소용이 있느냐고 항변하는 이도 있겠지만, 폭력적 제도와 관행이 우리 삶을 옥죄는 현실 탓에 『페다고지』의 발성은 여전히 유효한 듯하다. 특히 억압을 억압으로 느끼지 못하게 하고, 현실의 모순을 분별하지 못하게 하는 요즘 상황을 보면, 이 책의 저자 프레이리의 조언을 다시 떠올리게 된다.

논의와 비판보다 효율성과 경쟁만을 부추기는 오늘의 우리 사회와 여전히 교수와 학생 간의 민주적이고도 애정어린 의사소통이 부족한 우리 대학을 보면서 『페다고지』를 꺼내 묵은 먼지를 턴다. '제도는 그것의 성공으로 말미암아 붕괴한다.'라는 몽테스키외의 말처럼 이제 현대식 학교 교육은 산업화사회에서 규격화된 인재를 양성하는 데 성공함으로써 오히려 그 붕괴를 예감하고 있다.

나는 강의를 하며, 학생들에게 주체적인 삶을 살아가길 권한다. '나는 생각한다, 고로 나는 존재한다'는 데카르트식 삶의 방식이 '우리는 생각한다, 고로 우리는 존재한다'로 바뀌길 원한다. 강의실 안팎에서 민주적 대화와 열띤 토론을 통해 '우리'의 형성은 가능하다. 혼자서는 생각할 수 없고, 잘 알 수도 없다. '나는 안다, 고로 나는 존재한다'

는 피아제의 어법이 '우리는 안다, 고로 우리는 존재한다'는 비고츠키의 삶의 방식으로 바뀌어가길 소망한다.

『페다고지』에서 말하는 의식화란 인간다움을 찾는 것이며 자기해방을 이루는 것이다. 언제나 새 학기가 시작되면, 나는 강의실에서 학생들과 대화를 시도한다. 또 어떤 여린 학생 하나가 너무 떨리거나 당황한 나머지 다소 예의 없이 느껴지는 질문을 하거나 대화를 시도한다 해도 따뜻한 시선으로 맞아주고 싶다. 내 스무 살의 길을 열어주었던 프레이리의 조언대로 교사와 학생 간의 민주적인 소통을 위해 학생들 앞에서 더욱 겸손해져야겠고, 관용을 통한 학생 존중을 늘 가슴에 새겨야겠다. 두려움 없는 용기는 없다. 학생과 교사 모두가 두려움을 껴안고 상큼한 떨림 속에서 함께 수업하고 싶다.

사람들은 책 속에 길이 있다고들 말한다. 나는 스무 살에 『페다고지』를 통해 소중한 길을 보았다. 나아가 책 속에 나 있는 수많은 길들 중에서 자신이 진정 가야 할 길을 찾는 건, 책을 통한 '앎'이 아니라, 더불어 사는 우리 '삶' 속에 있다는 사실 또한 『페다고지』는 내게 일깨워주었다.

시간의 놀라운 발견

슈테판 클라인의 『시간의 놀라운 발견』을 읽으며 평소 좋아하던 애니메이션 〈시간을 달리는 소녀〉를 떠올렸다. 호소다 마모루 감독이 만든 이 영화의 주제는 명료하다. '시간은 사람을 기다려주지 않는다.' 그래서 주인공 소녀는 끊임없이 시간을 거슬러 올라가는 능력으로 시간의 주인이 되고자 한다. 미하엘 엔데의 『모모』나 페르난도 트리아스 데 베스의 『시간을 파는 남자』 등 수많은 영화와 문학 작품이 시간에 관한 성찰을 주제로 하듯, 인간에게 시간은 늘 중요한 주제일 수밖에 없다.

현대인들은 입버릇처럼 '시간이 부족하다'고 말한다. 정말 이상하다. 인간의 수명은 길어졌고, 기계 장치의 도움으로 여유시간도 늘었는데, 대부분의 사람이 만성적인 시간 부족에 시달리는 이유는 무엇일까. 연구 결과에 따르면, 시간 부족이 야기하는 만성 스트레스는 두뇌에 지속적인 부담을 주고 건강을 해치며 수명을 단축시킨다고 한다. 특히 만성적인 분주함이 위험하다. 부족한 시간이 누적되면서 할 일을 제때 해내지 못한다는 두려움이 인생에 대한 조망을 빼앗아 간다. 시간에 쫓기는 사람은 근시안적이라 미래를 창조하는 대신 하루하루 일과를 쫓아가기에 바쁘다. 그래서 시간의 노예가 된다.

시간에 관해 생각할 때 우리는 과거는 뒤에, 미래는 앞에 놓여 있는 것으로 생각한다. 그래서 어른들은 아이들에게 조언할 때 '네 앞길을 개척하라'라고 말한다. 그런데 안데스산맥에 거주하는 아이마라족 사람들은 과거를 물으면 시야의 앞쪽을 가리킨다. 과거의 시간은 이미 한번 경험했으므로 볼 수 있는 앞쪽에 있고, 미래의 사건들은 알 수 없으므로 등 뒤에 있다는 뜻이다. 아이마라족 사람들에게 보이지 않는 미래를 생각하는 것은 부질없는 일이다. 그래서 미래에 대해 물으면 그들은 어깨만 으쓱하고는 오지 않는 버스나 약속 시간에 나타나지 않는 친구를 평온하게 반나절 넘게 기다린다. 이렇듯 시간에 대한 관점은 교육, 환경, 유전자와 밀접하다. 즉 시간을 어떻게 이해하느냐에 따라 우리의 시간 경험은 달라진다.

슈테판 클라인의 『시간의 놀라운 발견』은 자칫 딱딱하기 쉬운 지식을 일상적인 소제목으로 재미있게 풀어내고 있는데, 이를테면 몸은 어떻게 시간을 느끼는가, 왜 즐거운 시간은 쏜살같이 지나가는가, 왜 나이 들수록 시간은 빨리 흐르는 걸까 등 흥미로운 주제들이 가득하다.

우리 몸 안에 이미 시계가 있다. 이런 생체 시계는 사람마다 달라서 아침형 인간과 저녁형 인간은 타고난다. 빛을 이용하거나 습관을 바꾸면 어느 정도 적응하지만 타고난 생체 리듬을 바꾸는 데는 한계가 있다. 유전자가 생체 시계를 조정하기에 올빼미더러 아침에 생기가 없다고 비난하는 건, 머리색깔이 왜 황금색이냐고 비난하는 것처럼 의미 없는 일이다. 대개 아침형 부모는 아침형 아이를 낳고, 저녁형 부모는 저녁형 아이를 낳는다는 게 학자들의 공통된 의견이다.

우리가 낯선 길을 찾아갈 때는 시간이 길게 느껴지는데, 다시 올 때는 훨씬 짧게 느껴진다. 그것은 낯선 길을 갈 때 새로운 정보의 양이 더 많기 때문이다. 기억 속에서 시간감각은 정보의 양으로 재구성된다. 시간의 길이는 새로운 것이나 변화를 자주 경험할수록 길게 느껴진다. 나이 들수록 시간이 빨리 흘러가는 것도 비슷한 이치라 할 수 있다.

어릴 때나 젊을 때는 접하는 세상이 늘 새로웠기에 많은 정보를 흡수한다. 그러나 나이를 먹으며 세상에 관해 아는 것이 많아질수록 경험들은 기억 속에 둥지를 틀지 못한다. 할머니들이 곧잘 하는 말, 나이 먹으니 신기한 게 없다는 말도 같은 맥락이다. 그럼, 나이 들어서도 시간을 느리게 누리는 법을 짐작할 수 있겠다. 새로운 정보를 받아들이고 낯선 경험들을 많이 하면 된다.

늘 막판이 되어야 벼락치기로 일을 처리한다고 스스로 푸념하는 이들이 많다. 바쁠 때 그토록 한가한 시간을 그리워했으면서도 막상 한가해지면 왜 그렇게 의미 없이 빈둥거리며 시간을 흘려보내는지. 하지만 심리학자들은 말한다. "모든 일은 끝나야 할 때 비로소 끝난다." 서둘러 반응해야 할 자극이 부족하면 집중력은 단박에 사라진다. 벼락치기도 꽤 효율적이라는 말이다.

프랑스 시인 에르베 바쟁은 "강이 흐르는 것이 아니라 물이 흐른다. 세월이 지나가는 것이 아니라 우리가 지나간다."라고 했다. 슈테판 클라인의 『시간의 놀라운 발견』을 읽으며, 시간의 파도에 떠밀려 익사하기보다는, 수영을 배워 시간의 바다에서 자유롭게 헤엄칠 수 있길 소망한다.

자전거를 타는 이유

내가 초등학생일 때, 잘사는 집 아이들만 자전거를 탔던 1970년대, 그 아이들의 질주하는 자전거 꽁무니를 뜀박질로 따라다니다, 지쳐 제풀에 주저앉았던 슬픈 유년. 내 소망은 나를 위한 자전거 하나 장만하는 거였다. 결혼 후에 열심히 노력하여 집과 자동차를 구했다. 하지만 무엇인가 허전했다. 욕망과 소망의 차이는 무엇일까. 우리가 한 달 후에 죽는다는 말을 들었을 때, 부질없다 느껴지는 것들, 승진, 비싼 외제차, 넓은 평수의 아파트 등이 욕망일 테다. 그런데 한 달만 살 수 있다 생각할수록 간절해지는 것들이 있으니, 그것이 소망이며, 나는 어릴 때 소망이었던 자전거를 떠올렸다. 그래서 중년 들어 용돈을 조금씩 모아 자전거를 샀고, 그때 마련한 자전거는 지금도 12년째 잘 관리하며 타고 있다.

나는 자전거를 사랑한다. 바쁜 일정에 자주 타지는 못해도 틈이 나면, 북구 화명생태공원에서 물금을 거쳐 삼랑진이나 수산까지 낙동강 자전거 길을 따라 흘러간다. 정 시간이 나지 않으면, 늦게 퇴근하여 한밤에 자전거로 뒷산을 오르기도 한다. 차도 없고 사람도 없이, 오직 숲을 흔드는 바람뿐. 산중턱 약수터에 들려 물통에 물을 가득 채우고 정상에 올라 마시는 물맛이 시원하다. 가쁜 내 숨소리를 벗 삼아, 느리고 고독하게 홀로 간다. 도로에선 차가 무섭고, 인도에선 사람이 무섭지만 산은 무섭지 않다. 내 몸이 동력이며, 그 동력은 나와 길을 하나로 만들고, 어둠에 갇힌 산의 외로움이 나를 내치지 않고 반겨준다.

길과 탈것 사이 오직 몸을 동력으로 이동하는 존재로 자전거만 한 것은 없다. 기계이되 인간이고 인간이되 기계인 자전거는 물성과 인성을 모두 갖추고, 물아일체의 미덕으로 세상의 모든 길을 품고, 사람이 가고 오를 수 있는 모든 길에 동행한다. 나는 차를 타고 가거나 걸을 때는 몰랐다. 길이 강물처럼 흐른다는 사실, 바람을 타고 가슴으로 흘러들어 온 길이 잠시 몸에 머물다 이내 몸 밖으로 흘러간다. 그리 흐르고 흘러 낙동강 하구에서 일몰을 만나거나 멀리 섬진강 꽃 피는 마을을 두르고, 엄광산 정상에 올라 내가 사는 동네를 굽어본다.

기진한 몸을 일으켜 오르막을 고단히 오르면, 중력의 엄중함에 화들짝 놀라 숙연한 마음으로 기어를 잘게 쪼개 속도를 늦춘다. 초심이 욕심이 되면, 긴 오르막은 오를 수 없다. 결심으로 마음을 단단히 묶고, 욕심을 내려놓되, 방심에 빠지지 않아야 한다. 그래야 불의의 사고에 직면하지 않으며, 포기하지 않고 끝내 도착 지점에 닿는다. 인생이 그러하듯 욕심을 내려놓고 중력이란 자연의 이치에 순응하며 오를 때, 정상에 오르는 것이다. 터질 듯한 심장이 멈추라 명해도, 괜찮다며 꾸역꾸역 오르막을 오르는, 오래 길들인 내 다리가 고맙다. 나이 들수록 마음처럼 몸도 길들여야 함을 깨닫는 순간이다.

차를 탄 사람은 질주하는 차체의 힘이 일으키는 흥분과 현기증에 빠져 곧잘 자신의 몸을 잊는다. 그래서 평소 얌전하던 사람도 운전하면 흥분하고 난폭해진다. 자전거를 타면, 자신의 몸을 잊을 틈이 없다. 자신의 몸무게와 나이와 건강 상태를 실시간으로 느낀다. 자신을 끊임없이 변화하는 존재로 만드는 시간의 흐름과 자연 법칙으로부터 도망칠 수 없다는 사실을 깨닫고, 겸손해진다. 내 몸만큼 길을 만나니 자만하려야 할 수가 없다. 길을 정복하지 않고, 길 위에 군림하지 않으며, 그저 길에 순응할 뿐이다. 그렇게 자전거는 내 신체의 일부가 되고, 몸과 길은 벗이 된다.

오스트리아의 사상가 이반 일리치는 기술의 진보가 꼭 시간을 절약하게 해준 것은 아니라고 말한다. 예컨대 자동차는 먼 거리를 짧은 시간에 이동할 수 있게 해주지만, 우리는 정작 차를 구매하고 유지하는 데 필요한 시간을 계산

하지 않았다. 차 값과 유지비용을 대기 위해 우리는 몇 시간 동안 일해야 할까? 대기 오염의 주요 원인인 자동차 때문에 우리는 얼마나 값비싼 비용을 지출하고 있는가. 자전거를 타고 직장에 출근한다면, 오히려 가장 빠른 이동 수단이 되면서도 대기 오염을 줄일 수 있으며, 자전거는 이동 수단이자 운동 수단이기에 굳이 돈을 써서 헬스클럽에 다니지 않아도 건강을 챙길 수 있다.

자전거는 자동차를 대신할 수 있는 근거리 교통수단으로 충분히 활용 가능하다. 승용차를 근거리 쇼핑이나 단기간 용무를 보는 데 사용하는 것은 결코 경제적이지 않다. 특히 대중교통이 발달한 도시라면, 승용차 대신 자전거와 대중교통을 조합한다면 훨씬 경제적이고 환경에도 도움이 될 것이다. 내가 사는 아파트는 입구 쪽에 음식 쓰레기를 처리하는 곳이 있는데, 두 동으로 이루어진 작은 아파트임에도 자동차를 타고 와서 버리는 장면을 여러 번 목격했다. 신체장애만 없다면 가까운 거리는 걷고, 중간 거리는 자전거를 타며, 원거리만 대중교통을 이용하는 것이 좋겠다.

제주도 서귀포 최남단 바닷가인 '법환바당'에서 한라산 성판악까지 자전거로 오른 적이 있다. 에어컨 과다 사용으로 전력 사용량이 급증했다는 기사가 연일 이어지는 폭염 속에 묵묵히 오르고 있는데, 젊은 커플이 렌터카로 달리다 창문을 열고 안쓰럽게 나를 보고 간다. 그들의 표정에서 도무지 이해할 수 없음의 뜻을 읽었다. 쇼펜하우어는 '인생은 욕망과 권태 사이를 오가는 시계추와 같다'고 하였다. 끊임없이 욕망하다, 그 욕망이 충족되면 권태에 빠지고, 권태에서 벗어나려 다시 욕망하는, 그렇게 시계추처럼 욕망과 권태 사이를 오가다 생을 마치는 것이 인생이다. 니체가 조언했듯 안락한 삶을 추구하는 인간이 되지 않고자, 매 순간 살아 있음을 느끼고자, 나는 자전거를 탄다. 황동규 시인의 시집 제목처럼, 나는 바퀴를 보면 굴리고 싶어진다. 자전거 바퀴를 굴리면 내 안에 바람이 인다. 욕망을 재우고 권태를 떨쳐버리며, 나는 자유롭다.

행복의 세 가지 조건

아리스토텔레스는 인간이 추구하는 궁극적인 목표가 행복이라고 하였다. 그는 행복을 'summum bonum'이라 불렀는데, 라틴어로 'summum'은 최고라는 뜻이고 'bonum'은 좋다는 의미이니, 요컨대 행복은 '최고의 선'이 되는 것이다. 아리스토텔레스가 말한 행복이란 원하는 것을 이루는 것이다. 그는 인간이 행복하려면 원하는 것과 바라는 것을 구분하며 살아야 한다고 말한다. 어떤 것을 얻고자 자신의 모든 노력을 기울인다면 진정으로 '원하는 것'이고, 가지고 싶지만 노력할 생각이 없다면 그저 '바라는 것'이다. 우리가 추구하는 궁극적인 삶의 목표가 행복이고, 자신의 모든 노력을 기울여 원하는 것을 이루는 것이 행복이라면, 먼저 자신이 원하는 것부터 알아야 하겠다.

오래전, 아버지 자격으로 졸업식을 앞둔 초등학생들에게 특강을 한 적이 있다. 당시 인생의 목표를 묻는 내 질문에 아이들은 이구동성으로 '돈 많이 버는 것'이라고 합창했다. 세월이 꽤 흘러 요즘 초등학생의 장래희망이 그러한 목표를 향해 구체화하고 있음을 알게 되었다. 초등학생의 장래희망 중에 가장 많은 것이 임대업이라는 교사의 말이 처음에는 우스갯소리인 줄 알았다. 그는 상가 한 채만 있으면 유명 브랜드 아파트에 살고 멋진 자동차 타고 다니며 평생 월세 받아먹고 살 수 있다는 부연 설명까지 곁들였다. 물론 그 상가 한 채는 부모나 조부모로부터 물려받는 게 자연스러우니 이는 자신의 모든 노력을 기울여 원하는 것이 아니라 그저 바라는 것일 테다. 지금 아이들이 추구하는 최고의 선은 공무원과 임대업 사이를 배회하고 있다.

공자는 『논어』 학이편에서 우리가 행복한 세 가지 이유를 말한다. 공자는 배우고 때로 익히기에 행복하고, 벗이 있어 멀리서 찾아오니 행복하며, 알아주지 않아도 성내지 않아야 행복하다고 말한다. 놀랍게도 이는 행복을 연구하는 철학자, 뇌과학자, 심리학자의 최근 연구 결과와 일치한다. 아리스토텔레스는 『니코마코스 윤리학』에서 가장 행복한 상태는 자아가 실현될 때라고 하였다. 자아가 실현될 때란 자신의 잠재력이 최고로 실현됐을 때를 뜻한다. 배우고 때로 익히는 자는 자아가 잠재적 가능성을 끊임없이 실현하는 과정에 서 있으며, 늘 미래를 향해 자신을 열고 수많은 가능성을 탐색하는 자이다. 그래서 배우고 익히는 자는 내 삶에 느닷없이 찾아올 순간을 설레는 마음으로 기다리며, 하루를 길고 소중하게 보낸다. 그러다 죽는 순간까지 영원한 학생으로 남는다. 그리하여 '학생부군신위'라 하지 않던가.

행복을 느끼는 우리 뇌는 사람에 중독될 만큼 극도의 사회성을 요구한다. 저명한 뇌과학자 마이클 가자니가 교수가 인간의 뇌는 '인간관계를 잘하기 위해서' 설계되었다고 주장할 정도로 행복과 인간관계는 밀접하다. 그는 인간이 '뼛속까지 사회적'이라고 표현했으며, 결국 대부분의 인간은 사람과의 관계를 통해 행복을 느낀다고 하였다. 인류의 진화 과정에서 집단으로부터의 소외나 고립은 곧 죽음을 의미했다. 다시 말해 살아남은 우리 조상은 벗을 항상 곁에 두고 살았던 매우 사회적인 사람들이었다.

뇌 영상 사진을 보면, 손가락이 잘릴 때와 연인과 이별할 때의 고통이 크게 다르지 않다고 한다. 신체적 고통과 사회적 고통은 같은 뇌 부위에서 발생하며, 둘 다 생존을 위협한다는 점에서 차이가 없다. 결국, 가장 강렬한 기쁨은 사람을 통해 느낀다. 승진이나 합격의 순간, 주위 사람들의 축하와 인정 없이 기쁨을 탁자 위의 화분과 나눈다면 행복보다 눈물이 앞설 것이 분명하다. 공자의 말처럼 멀리 있는 벗이 찾아올 정도의 사회성이라면 어찌 행복하지 않겠는가.

그런데 우리 사회가 요구하는 사회성은 집단주의 문화 속에서 왜곡되어 있다. 불행해지는 가장 확실한 방법은 타인과 나를 비교하는 것이다. 우리는 남에게 피해 주지 않는다면 내 마음대로 사는 인생을 지지해주는 문화가 아니라, 그렇게 사는 자를 이상한 사람으로 취급하는 집단주의 문화에 살고 있다. 그래서 끊임없이 타인과 자신을 비교하며 상대적 박탈감에 허덕인다. 남에게 기죽지 않으려 비싸고 큰 유모차를 사고, 그 유모차를 싣고자 다시 큰 차를 산다. 근사한 레스토랑에서 음식을 먹을 때 음식 사진부터 찍고 여행을 떠나도 유명한 여행지를 배경으로 자신의 사진을 찍어 트위터, 페이스북 등에 올려 주위에 알리기 바쁘다. 그러면서도 물고기가 헤엄치며 물을 의식하지 못하듯 우리는 집단주의 문화에 젖어 문제를 문제로 의식하지 못한 채 살아간다. 진정한 사회성은 화이부동(和而不同), 즉 타인과 잘 어울리면서도 타인과 자신을 비교하지 않고, 자신의 중심을 잃지 않는 것이다.

과도한 타인 의식이 지배하는 집단주의 문화 속에서 내 삶의 주인이 자신이 아닌 타인이 될 때, 우리는 엄청난 스트레스를 감당해야 하며, 개인의 행복은 낮아진다. 공자의 조언대로 배우고 때로 익혀 자아를 실현하는 자, 벗이 있어 멀리서 찾아올 정도로 관계의 소중함을 아는 자, 남이 알아주지 않아도 성내지 않을 만큼 자존감이 충만한 자, 그런 사람이 행복한 사람이다.

○   폭력은 인간의 숙명인가

 살아오면서 여러 유형의 폭력을 경험했다. 폭력의 기억 속에는 습관적 폭력을 행사한 교사들이 먼저 떠오른다. 교칙을 어긴 이유는 물론이고 성적이 떨어져도 맞았고, 올라도 더 오르라고 맞았으며 체육 시간에 줄을 잘못 섰다고 맞았고, 점심시간 이후 음악감상 시간에 졸다가도 맞았다. 이후 대학에 진학하여 어설프게 데모 대열에 휩쓸렸다 잡혔을 때 곤죽이 되도록 나를 폭행했던 자는 한동안 악몽 속에 주연으로 출연했고, 비슷한 경험을 군 복무 중에도 했다.

 지금도 가끔 주말 나들이 길, 고속도로에서 수시로 어이없는 폭력과 마주하고 오래된 내 고물차가 폭발적인 스피드의 스포츠카로 변신하여 폭력을 행사한 차를 따라잡아 응징하고 싶은 욕망이 돋는다. 자전거가 도로교통법에 차로 분류됨에도 자전거를 타고 도로에 나서면 대형차들의 폭력에 생명의 위태로움을 경험한다. 심지어 창을 내려 침을 뱉거나 욕하는 운전자도 만난다. 그때마다 내 안의 악마적 폭력성을 이성으로 다스리며 생각힌다. 이 나라에서

도를 닦고자 하는 자는 굳이 깊은 산중을 찾지 말고, 도로로 나설 일임을.

프랑스 철학자 메를로 퐁티는 『휴머니즘과 폭력』에서 몸을 지닌 존재로서 인간에게 폭력은 숙명이라고 말한다. 폭력이 인간 본성의 구성소라는 이러한 생각은 로렌츠, 프롬, 오르테가 이 가세트, 프로이트 등 여러 학자의 공통적인 주장이다. 그렇다면 앞으로도 우리는 폭력의 숙명에서 벗어나지 못하는 것일까.

요한 갈퉁은 폭력이 상대에게 해를 끼치고자 하는 직접적·물리적 행위만이 아니라고 하였다. 그는 폭력을 인간의 잠재적 실현을 방해하는 것으로 보기에 인간의 가장 기본적인 생존, 복지, 자유, 정체성의 욕구를 위협하는 모든 폭력을 경계하였다. 우리는 여전히 학교와 직장, 특히 특수집단인 군대 등에서 심각한 폭력에 노출되어 있는 셈이다.

이러한 직접적 폭력은 중심과 주변, 사회적 강자와 약자로 분할된 착취구조를 고착화하는 구조적 폭력을 만들어낸다. 부산 소재 대학에 교수로 근무하면서, 스스로 '지잡대(지방에 소재하는 잡스러운 대학)' 학생으로 조소하는 제자를 대할 때마다 마음이 아프다. 학생들의 수도권 선망과 이에 따른 자기폄하는 구조적 폭력의 잔재에 불과하다. 이러한 구조적 폭력은 착취구조에 대항하려는 사회적 약자들의 조직화와 의식화를 저지하고자 문화적 폭력을 만들며, 이러한 문화적 폭력은 주로 대중매체와 주류 언론에 의해 확대 재생산되어 사회적 약자들을 세뇌한다. 요컨대, 직접적 폭력이 사건이고 구조적 폭력이 과정이라면, 문화적 폭력은 두 폭력의 유지 보수 기제로 작동한다. 인간이 만든 제도와 법은 결국 이러한 인간의 숙명적 폭력을 막기 위한 것이며, 국가가 필요한 이유도 무정부 상태의 혼돈과 폭력을 막기 위한 합의에서 시작한다.

그럼 국가의 독점적 폭력은 어떻게 제어되는가. 이미 한나 아렌트, 지그문트 바우만, 슬라보예 지젝 등을 통해 국가 폭력이나 공권력 남용, 착취나 억압기제에 관한 많은 논의가 있었다. 폭력을 해결하고자 국가가 필요하지만, 정작 나치즘과 파시즘이 보여주듯 국가의 독점적 폭력이 더 문제가 되는 것이다. 국가 폭력을 제어하고자 학자들은 법치강화를 주장하나, 법의 지배가 폭력 독점의 남용을 방지하는 안전장치가 될 수 있을지 의심스럽다.

더 큰 문제는 우리가 몸담은 공동체가 정의롭지 않다는 것이다. 자본주의는 공동체를 해체하고 그 자리를 시장으로 대체했다. 정치와 경제, 언론 권력은 음성적으로 결탁하여 일상화된 탈법과 비리, 자본을 향한 과도한 욕망에 포획되었다. 학교와 직장에서 남보다 더 나은 성과를 강요받으며 구성원 간의 경쟁은 이제 덕목이 아니라 규율이 되었다. 경쟁은 타자를 받아들여 서로를 살리고 성숙시키기 위한 것이지 상대를 억압하고 낙오시키는 것이 아니다. 그럼에도 지성의 전당이란 대학마저도 학생들을 상대평가로 등급화하고, 교수들은 실적에 따라 보수에 차등을 두며, 학과는 취업률에 따라 줄을 세운다. 학교가 이럴진대, 이윤을 추구하는 사기업이 어떨지 짐작이 된다. 구성원이 제로섬의 경쟁을 내면화하면 그 공동체에서 폭력은 관행이 되고 경쟁이 치열할수록 폭력은 우리 안에 잠행한다. 수전 손택이 『타인의 고통』에서 경고했듯, 우리는 폭력을 다룬 영화나 드라마, 심지어 뉴스를 통해 타인의 고통을 스펙터클로 소비하며, 정작 우리 자신에게 가해지는 폭력에 둔감해진다.

한동안 우리는 너무 많은 죽음과 폭력을 보았고, 그 기저에 국가가 개입되어 있음을 안다. 정의의 이름으로 폭력을 행사함으로써 피해자의 슬픔을 손쉽게 해소하려 하거나 희생양을 찾아내 폭력의 대상으로 삼아 속죄하려는 국가의 시도를 경계한다. 타자를 상실한 슬픔과 아픔을 기억하며 우리는 진정한 인간이 된다. 이러한 인간이 만든 공동체, 그 공동체가 추구하는 공동선이 국가를 이끌어야 한다. 공감과 공존, 신뢰와 연대의 가치가 황폐한 경쟁, 불신과 배제의 부조리를 대신하기 바란다.

폭력은 감시와 처벌로 해결될 문제가 아니다. 인간은 원래 모순과 결여의 존재이다. 그 허약한 존재들이 모여 함께 걸어가는 존재가 인간이다. 내 안 타자의 크기가 내 존재의 크기이며, 타자를 죽이면 나도 절멸한다는 인식이 인간으로서의 숙명적 폭력을 극복할 방법이다. 몸을 지닌 인간이 폭력에서 벗어날 수 없는 존재일지도 모르지만, 폭력을 없애기보다 그것을 넘어서려는 노력이 인간의 길임은 분명하다.

○   애도, 슬픔을 기록하는 슬픔

   대부분의 반려동물은 사람보다 수명이 짧아 우리를 두고 먼저 떠난다. 반려동물을 들이는 순간, 우리는 이미 슬픔을 예비하는 것이다. '별이'가 떠난 지 벌써 3개월이 지났다. 16년 전 11월, 그날은 대입 수능시험을 치는 날이라 기억이 생생하다. 별이는 구포시장 근처에서 우리를 만나 가족이 되었고, 올봄 아내의 품에 안겨 조용히 눈을 감았다. 실명으로 앞이 보이지 않고, 관절염이 심해 뒷다리로 일어서기조차 힘들어하면서도 내가 퇴근하면 사력을 다해 내 옆에 와서 꼬리를 흔들며 애정을 표현하던 별이가 떠나고, 나에게 우울증이 찾아왔다. 유품을 보다 울고, 대학원 야간 강의를 마치고 귀가하여 적막한 거실을 마주할 때도 별이의 부재에 왈칵 눈물이 쏟아졌다. 16년간 찍은 별이의 사진을 정리하고, 별이를 추모하며 기타곡을 작곡하여 연주도 해보았으나 소용이 없었다.

   프로이트는 「애도와 우울증」에서, 애도는 사랑하던 대상을 완전히 떠나보내는 것으로 완성된다고 하였다. 하지만 그것이 실패해 대상이 내면에 여전히 머물면, 대상과의

관계에서 생겨난 결핍이 자신의 것이 되어 우울증에 걸린다고 하였다. 프로이트는 애도가 상실한 대상에 쏟았던 마음의 에너지, 곧 리비도를 거두어들여 서서히 새로운 대상에게 옮겨가는 과정으로 보았고, 이를 통해 애도가 성공한다고 하였다. 아무리 정이 깊었다 하나 사람이 아닌, 그저 동물일 뿐이니, 나는 별이를 떠나보내는 애도가 어렵지 않을 거라 여겼다.

그날은 학기 초라 대학원생들의 논문 지도로 늦은 시간까지 연구실에 남아 일할 예정이었다. 그런데 저녁 7시가 조금 넘어 아내가 연구실로 연락했다. 별이가 오늘을 넘기지 못할 듯하다고. 아마도 당신을 기다리는 것 같다는 아내의 말에 가슴이 떨려 운전대를 잡기 힘들었지만, 마음을 다잡고 급히 집으로 갔다. 별이는 사냥개 후손인 슈나우저 종답게 어릴 때부터 건강한 편이었다. 그러나 1년 전 백내장을 앓아 실명하고, 관절염이 심해지며 급격히 건강이 악화되었다. 작년 여름부터 별이가 치매를 앓아, 아침에 눈을 뜨면 아내와 나는 밤새 여기저기 널브러진 별이의 배설물과 토사물을 치우느라 한바탕 홍역을 치렀다. 현관문을 열기도 전에, 내 발소리를 알아듣고 문 앞에서 꼬리를 흔들던 별이는 우멍한 눈으로 벽만 바라보기 일쑤였다. 어릴 때 이후로 배변 실수를 한 적이 없는 별이는 여름 어느 날, 거실 한가운데에 배변을 하고, 그 앞에서 망연자실 앉아 고개를 숙이고 있었다. 그 모습이 안쓰러워 괜찮다며 몇 번을 다독였으나, 그때 나를 보던 별이의 슬픈 눈은 잊을 수 없다.

투병 기간 몇 번의 고비를 넘긴 터라, 이번에도 잘 버틸 줄 알았다. 집에 도착하여 별이에게 달려갔다. 별이는 숨소리가 거칠었고 고통스러워했다. 다른 가족과는 작별 인사를 나누었고, 이제 나만 남았다. 별이 그동안 수고했다고, 이제 잘 가라고, 고통 없는 세상에서 행복하게 살라고 말해주며, 별이 옆에 누워 조용히 쓰다듬었다. 그러자 거짓말처럼 거칠던 호흡이 잦아들며 숨을 거두었다. 아내가 별이를 안아 눈을 감겨주었다. 가족의 오열 속에 망아지처럼 껑충거리며 뛰기 좋아하던 별이가 영혼이 되어 '무지개다리'를 건넌 날은 3월 7일 오후 8시 36분이다.

처음에는 프로이트의 애도 이론에 따라 별이를 잊고자 노력했다. 그러던 어느 새벽, 아내의 흐느낌 소리에 잠을 깼다. 아내는 별이가 달려와 품에 안기는 꿈을 꾸었다고 했다. 별이는 뛸 때 앞다리 한쪽이 짧아 사선으로 뛴다. 그래서 마지막에 방향을 바꿔 품으로 뛰어든다. 그 뜀박질 모습이 눈앞에 생생해, 새벽에 부부가 끌어안고 한참을 울었다.

프로이트를 비롯한 초기 정신분석학자들의 주장과 달리, 감정적인 결속을 끊는 것이 아니라, 상실한 사랑의 대상과 지속적인 연결점을 찾는 것이 슬픔 치유에 도움이 된다는 주장이, '지속적인 결속 이론(Continuing Bonds Theory)'이다. 이와 관련한 책과 논문을 읽으며, 나는 별이에 대한 글을 쓰기로 마음먹었다. 글쓰기로 애도하는 것은 그리움을 기록하는 것, 그 존재를 기억하고 보존하려는 행위야말로 진정한 애도가 아닐까. 망설임 끝에 이 글을 쓰면서도 나는 별이와 함께했던 모든 순간이 별처럼 떠올라 내내 울었다. 잊으려고 노력하면 오히려 잊히지 않는다. 차라리 기억하고 회상해야 한다.

프랑스 철학자 자크 데리다는 프로이트와 달리 진정한 애도는 '애도에 실패하는 것'이라고 하였다. 프로이트의 성공한 애도가 떠난 자를 잊는 것이라면, 데리다의 실패한 애도는 떠난 자를 가슴에 새기는 것이다. 애도의 불가능성을 자인할 때, 오히려 애도의 윤리는 시작되는 것이다. 상실의 슬픔은 느리게 온다. 한 슬픔이 다른 슬픔을 마중하고, 다른 슬픔이 또 다른 슬픔을 배웅한다. 그 느린 마중과 배웅의 순환 속에서 깨닫는다. 진정한 애도는 잊지 않겠다는 우리의 다짐을 확인하는 과정이며, 지워지지 않는 문신 같은 기억 속에서 상실의 대상이 내 일부임을 깨닫는 순간임을. 자크 데리다는 애도를 '자기 안에 타자의 묘소를 마련하는 일'이라 하였다. 나는 슬퍼하고 또 슬퍼할 것이다.

패트릭 오말리는 『제대로 슬퍼할 권리』에서 우리 사회가 어떻게 슬픔을 하찮게 만들고, 극복하도록 압박하는지 전한다. 슬픔을 쉽게 극복하지 못하는 자에게 가해지는 주위의 요구는 지극히 폭력적이다. 슬픔이 다른 슬픔에게 묻는다. 슬픔은 꼭 해소되어야 하는가. 슬픔은 치료의 대상이 아니며, 사랑하는 대상을 잃은 자가 끌어안고 살아야 할 소중한 감정임을 깨닫는 순간, 우리는 슬픔을 몰아내지 않고, 슬픔과 공존한다.

애초 애도는 성공과 실패, 정상과 비정상이 있을 수 없다. 우리는 사랑하는 대상을 잊을 수 없으며, 그 빈자리는 무엇으로도 대체될 수 없다. 프로이트가 요구하는 애도는 필연적으로 실패할 수밖에 없고, 그것이 우울이라는 병리적 현상이라 하여도, 나는 기꺼이 그 우울을 감당하고자 한다. 프로이트는 『토템과 타부』에서 "우리 마음속에 살아 있는 망자를 죽이라"고 했지만, 나는 내 마음속 소중한 자리에 별이를 살려두고자 한다. 그리고 슬픔이 스스로 멈출 때까지 울려고 한다. 나에게 애도는 슬픔을 기록하는 슬픔이다.

내 휴대전화 메신저 첫 화면에는 가족의 프로필 사진과

상태 메시지가 떠 있다. 4개월이 다 되어가지만, 가족의 상태 메시지에는 별이를 위한 애도의 글이 여전하다. 이 글이 애도를 위한 그리움의 기록이기에, 그 메시지들을 기록해 둔다.

별아, 잘 지내고 있니? 내 품에 안겨 있던 따뜻한 너의 체온이 그립구나. 보고 싶다. 별아~ (별이 엄마), 5604일 동안 너무 고마웠어. 사랑하는 별아, 이젠 아무 아픔 없는 곳에서 편히 쉬렴. 고마웠고, 늘 사랑해 (별이 언니), 사랑해 별아! 하늘나라에선 아프지 마 (별이 오빠).

○ 소설이 마음의 상처를 치유하는 까닭

 소설을 좋아하는 나에게 사람들은 가끔 묻는다. 현대 한국소설을 잘 모르는데 어떤 작가의 소설을 읽으면 좋겠냐고. 순간 별빛처럼 반짝이는 많은 작가의 소설이 떠오르지만, 나는 이내 작심하고 '정미경'이라 말한다. 2017년 1월, 이른 나이에 떠나버린 작가의 부고를 접하고, 나는 얼마나 망연자실했는지 모른다. 문학사적 위상이나 수상 경력과 무관하게 나는 정미경의 소설을 정말 사랑한다. 특히 작가의 소설집 『발칸의 장미를 내게 주었네』는 지금도 가끔 읽을 만큼 좋아하고, 절판된 덕분에 기쁘게 소장하고 있다.

 정미경의 『발칸의 장미를 내게 주었네』에 실린 단편 「모래폭풍」은 소설이 어떻게 독자의 마음을 치유하는지 잘 알려주는 수작이다. 「모래폭풍」은 비극적 운명을 타고난 여성의 아픈 사랑 이야기이다. 주인공 수연은 와이셔츠와 넥타이를 취급하는 매장의 점원으로, 어떤 고객에게도 끝까지 친절한 미소를 지어야 하는 감정노동자이다. 수요일 오전, 입고 난 후 다려서 가져온 게 분명한 셔츠를 환불하러 온 여자와의 실랑이로 지칠 대로 지친 그녀 앞에, 한 남자가 나타난다. 실랑이를 처음부터 끝까지 지켜본 그 남자는 모든 것을 다 이해한다는 표정으로 수연에게 다가와 와이셔츠를 골라 달라고 부탁한다.

현수는 수연을 유혹했고, 수연은 그런 현수를 돌본다. 현수는 얼마 되지 않는 대학 시간강사의 벌이로 명품을 좋아하고 번번이 수연에게 돈을 빌려가며, 심지어 수연의 방에 얹혀산다. 현수의 목적과 동기는 분명하다. 수연과는 연애를 가장한 착취 관계이고, 그 출구는 수연의 불행이 자명하며, 현수는 다시 자신을 돌봐줄 다른 여자를 만나면 그만이다. 사랑이라는 이름의 이러한 착취 구조는 진부하지만, 독자의 입장에서 수연의 어리석음을 질타하기만은 어렵다. 그래서 독자는 수연을 향한 연민의 감정이 싹튼다.

"어깨만큼 챙이 넓은 솜브레로를 쓰고 아카풀코 해변에 누워 있자고, 지상에서 가장 호사스런 무덤인 네루다의 묘지를 가보는 것도 괜찮겠다고, 새들이 가서 죽는 곳, 페루의 해변도 언젠가는 보여준다며 힘들겠지만 조금만 기다려줘"라고 유혹하는 현수 앞에서 수연은 속절없이 무너진다. 독자에게는 현수의 수가 뻔히 보이지만, 소설 속 주인공 수연만이 이를 모른 채 비극과 파국의 길로 향하고 있다.

소년같이 맑은 미소와 세련된 몸가짐, 이띤 어성도 반할 뛰어난 말솜씨를 지닌 남자와 그 남자에 반해 몸과 마음과 돈을 바친 여자. 서로 다른 욕망이 교유하는 이 지점에서 여자의 욕망은 연민의 대상이 되는 반면 남자의 욕망은 독자의 규범에 의해 부정적으로 감정된다. 수연은 현수를 연민하고 독자는 수연을 연민하는 것이다. 아리스토텔레스는 『시학』에서 "연민과 두려움을 재현함으로써 그러한 종류의 감정에 대한 카타르시스를 실현한다."고 말한다. 그 유명한 '카타르시스'라는 용어가 인류에게 처음 등장하는 대목이다. 이때 연민은 부당하게 불행을 겪는 소설 속 등장인물을 향한 것이며, 두려움은 그 불행이 독자인 자신에게 닥칠지 모른다는 불안이란 점에서 독자를 향한 것이다. 그런 불행을 겪는 주인공은 보통 사람들처럼 잘못을 저지를 수 있는 사람이다. 원래 악한 사람이 아니라 순간의 잘못된 판단으로 불행을 겪거나 혹은 성장과정에서 그런 잘못을 저지를 개연성 있는 성장 체험이 전제되는 경우 소설의 설득력은 강화된다. 또한 주인공의 잘못이 개인의 의지보다 사회구조적 요인일 때도 존재적 비극은 설득력을 얻는다.

  수연이 자신을 유혹하는 현수를 사랑한 것은 그것이 사랑을 빙자한 착취임을 인지하지 못했기에, 분명 잘못이다. 수연이 병원에서 현수의 아이를 지우고 자신의 집으로 갔을 때 수연의 침대에 현수는 다른 여자를 들인다. 수연은 그 침대에 앉아 리모컨을 누르고 비디오 화면을 응시하며 화면 속 여자에게 묻는다. "그 남자, 어디가 좋아?"

자문의 자답은 자명하고, 돌봄을 사랑으로 착각했던 잘못의 대가는 혹독하다. 돌봄(caring)의 기본적 표현은 먹여주고(feeding), 안아주고(hugging), 쉴 자리를 주는(resting) 것이다. 수연은 현수를 먹여 살렸고 안아주었으며 자신의 방까지 내주었다. 현수에게 수연이 매력적으로 보인 가장 큰 이유는 그녀가 자신을 돌봐주었기 때문이다. 여자들은 보통 자신이 뭔가 해줄 게 많이 남아 있는 남자를 좋아한다. 자신이 다른 사람에게 쓸모 있는 존재임을 확인하고 싶은 욕구는 누구에게나 있다. 여자들은 본능적으로 도움을 원하는 남자를 찾아내 필요한 것을 주고자 하며, 이는 모성본능이라고도 할 수 있다. 하지만 돌봄이 사랑이 될 수 없음은, 사랑이라는 것이 두 사람 사이에 이루어지는 역동적 상호관계이기 때문이다. 현수에게 사랑은 엄마가 자식에게 주는 사랑이 그렇듯이 영원히 변하지 않는 돌봐줌이었다. 하지만 매슬로의 욕구단계설에서 알 수 있듯, 돌봄의 사랑은 가장 기본적인 먹는 것, 자는 것, 성적 욕구가 충족되는 수준이다. 인간은 그 이상을 욕망하고 그것은 혼자 힘으로 다음 단계로 나아가기 어렵다. 수연과 현수의 사랑은 돌봄에 머물러 있었고, 그 돌봄에 안주하고 그다음 단계로 나아갈 생각이 없었던 현수로, 수연의 사랑은 비극이 된다.

그런데 혼자서는 아무것도 못하고 사랑받고 용서받아야 하는 현수를 돌보는 것, 그 연민의 돌봄이 사랑이라고 착각하는 것은 수연의 잘못만이 아니라 젊은 여성의 보편적인 잘못이고 실수이다. 인간이 살아남기 위해 모성본능을 자극하여 애착행동을 보이는 것은 뇌 속의 옥시토신과 관련되어 있다. 사랑의 시작은 나 아닌 다른 사람을 진정으로 아끼고 돌봐주는 마음이며 이때 옥시토신이 분비된다. 돌봄의 모성본능과 돌봄 행위를 유발하는 옥시토신, 그리고 이것과 밀접한 연관을 갖고 있는 뇌의 미상핵 영역은 신뢰라는 사회적 관계 맺기와 연관되어 있다. 그리고 이는 낭만적 사랑을 할 때 우리의 뇌가 작동하는 영역과 유사하다. 그런 면에서 초기에 사랑을 느끼는 이유 중 하나가 바로 이런 기본적 돌봄 행동으로부터 기인한 것이다. 대학에서 '캠퍼스 커플'들은 곧잘 마주 앉아 서로 반찬을 떠먹여주지 않던가. 연인 관계에서 나타나는 이러한 보편적 감정 변화로부터 자유로운 사람은 드물다. 그렇기에 독자는 수연을 연민하고 자신을 돌아보며 두려움을 느끼는 것이다. 그 두려움은 불행이 내 것이었거나 언젠가 내 것이 될 수 있다는 자각이다. 따라서 주인공의 불행이 보편적 설득력을 지닐수록 독자가 느끼는 카타르시스는 커지며, 이때 카타르시스는 인식의 영역을 포함한다.

그런데 「모래폭풍」에서 독자가 느끼는 카타르시스는 단순히 수연의 비극에 대한 연민과 두려움만으로 발생하는 것이 아니다. 돌봄이 곧 사랑이라 여기는 수연의 착각은 어머니와의 분리 공포에서 비롯된다.

열두 살 때 겪은 엄마의 자살은 수연이 현수를 돌보는 것이 사랑이라고 착각하게 만든 주요 요인이었다. 그래서 수연은 엄마처럼 "언제부턴가 나는, 관계를 맺어놓고 먼저 떠나버리는 사람은 결코 되지 않겠다고 생각"하며 현수의 달콤한 거짓말을 받아들이고, 그를 돌본다.

수연의 돌봄은 어머니와 아이 사이에서 겪는, 경험에서 배태된 동물적 본능이다. 나아가 수연이 현수를 돌보는 것은 열두 살 시절의 자신을 돌보는 자기 보살핌이기도 하다. 돌봄이 초기의 사랑 형태라면 수연은 여전히 열두 살의 버림받은 자신을 돌보며 사랑하고 있는 것이다. 현수가 수연을 사랑하기보다 이용했듯이 수연도 사실은 현수를 사랑하는 것이 아니라 열두 살 때 버려진 자신을 돌보며 사랑하고 있는 것이다.

꿈이 유년기의 상처를 다른 형태로 재현함으로써 잠의

평화를 지키는 수호자인 것처럼, 소설은 이야기와 상징으로 무의식의 영역을 재현함으로 삶의 상처를 치유한다. 작가는 소설에서 현실을 있는 그대로 재현하는 것이 아니라, 세계를 나름대로 이해하여 그려보고, 독자로 하여금 그 세계를 '다시 그려보도록' 초청하는 것이다. 정미경의「모래폭풍」은 그렇게 앎과 삶의 세계를 잇도록 요구하며, 독자는 그 요구에 응해 소설을 읽으며 카타르시스를 느낀다. 카타르시스는 소설을 읽는 독자에게 그저 주어지는 것이 아니라 스스로 탐색하는 것이다.

그렇게 살아간다는 것
사람과 사람, 연결된 삶의 가치

○　　　　　　드라마와 어머니의 공감일지

　어머니의 드라마 사랑은 각별했다. 누구는 책으로, 누구는 경험으로 세상을 배운다 하지만, 어머니는 드라마로 세상을 배웠다. 사춘기가 되어 자주 엇나가는 자식을 이해할 때도, 자식들이 장성하며 맞이한 사위와 며느리를 이해할 때도, 어머니는 드라마에 비추어 상대를 받아들이고 무던히 친절했다. 반면에 아버지는 절대 드라마 따위는 보지 않았다. 아버지의 신문 사랑은 정치, 문화, 사회면을 꼼꼼하게 읽을 만큼 지극하였고, 아버지는 그깟 텔레비전 끼고 맨날 드라마 보는 건 시간 낭비라 생각하였다. 그래서 부모님은 늘 같은 주제로 다투었다. 아버지는 세상 어떻게 돌아가는지 알려면 신문 좀 보라고, 어머니는 세상보다 주변에 있는 사람 마음 알려면 드라마 좀 보라며 타박했다.

　타인을 향한 어머니의 이해와 배려 능력은 자식으로서 늘 존경스러웠다. 주변에서 어머니 욕하는 말을 들은 적 없고, 집안 대소사가 있을 때마다 친척들은 늘 어머니의 판단을 존중하고 따랐다. 그 연유를 나는 어머니의 공감 능력에서 찾는다. 『엔트로피』, 『소유의 종말』 등으로 잘 알려진 경제학자이자 사회학자인 제러미 리프킨은 일찍이 '공감의 시대'를 선언하였고, 21세기 최고의 덕목은 공감(empathy)이라는 학자들의 주장이 뒤를 이었다. 심지어 호모 사피엔스를 넘어 공감하는 인간, 즉 '호모 엠파티쿠스'가 되어야 한다는 주장이 있고, 이 분야의 석학인 스탠퍼드 대학 심리학과 자밀 자키 교수는 인류가 더 나은 삶을 사는 기술이 바로 인간의 공감 능력에 있다고 주장했다.

자밀 자키 교수는 그의 저서 『공감은 지능이다』에서 문학과 연극 같은 서사 예술이 안전하고 즐겁게 공감할 수 있도록 만들어 우리의 공감 능력을 키운다고 하였다. 문학을 대표하는 서사 갈래는 소설과 극(drama)이다. 사건을 이야기하는 것이 소설이라면, 사건을 보여주는 것이 극이다. 우리말로 희극이나 극으로 번역되는 드라마는 문학예술의 주요 갈래인 것이다. 그리스 시대 소포클레스의 비극부터 셰익스피어, 체호프, 입센, 브레히트, 버나스 쇼의 주요 작품들이 모두 극문학이다. 텔레비전(television)은 '멀리(tele) 있는 것을 본다(vision)'라는 뜻이니, 멀리 떨어진 관객에게 보여주는 연극이 바로 텔레비전 드라마다. 연극과 달리 텔레비전 드라마를 서사예술로 볼 수 있을지는 작품에 따라 논란이 있겠다. 문학의 관점에서 텔레비전 드라마 구성은 전형적인 고(古)소설 혹은 통속소설에 가깝다. 통속이란 결국 우리 평범한 삶에 널리 통한다는 의미이니, 자신의 경험을 넘어 보편적인 공감의 반경을 넓히는 데 통속극만 한 것이 있을까 싶다.

공감을 이론적으로 분류할 때, 정서적 공감, 인지적 공감, 공감적 배려로 나누는데, 정서적 공감에 해당하는 경험 공유는 아이들도 일찍 터득하나, 타인의 관점을 구체적으로 고려하는 정신화(mentalizing)는 진화 역사상 뒤늦게 생긴 현상으로 이를 단련하는 데는 오랜 시간이 걸린다. 제도 교육을 받지 못했고 책이나 신문을 읽지 않은 어머니가 인지적 공감이 뛰어난 것은 드라마의 학습 효과 때문임이 분명하다. 척추수술을 몇 번씩 겪고 당신의 육신이 그토록 고통스러우면서도 어머니는 자신의 품위와 타인을 향한 친절함을 잃지 않았다. 공감의 가장 중요한 역할이 타인을 위한 친절한 마음을 불러일으키는 것이다. 친절함은 스스로 대가를 치르며 타인을 돕는 성향을 뜻한다. 찰스 다윈은 이러한 인간의 친절함을 납득하지 못했다. 다윈의 자연선택설에 따르면, 모든 생명체는 자신을 보호하는 것이 최우선이며 타인을 돕느라 자신이 손해를 보거나 위험해지는 것은 자연선택설의 명제에 맞지 않았다. 그래서 다윈은 『인간의 유래』에서 누군가를 위해 자기 목숨을 희생하겠다는 각오를 하는 사람은 그 고귀한 성품을 물려줄 자손을 남기지 못하는 경우가 많았다고 주장했다. 이는 인지적 공감이 타고나기 쉽지 않다는 것을 의미한다.

나는 문자중독 성향이라 텔레비전과 친하지 못했다. 드라마나 영화는 책보다 답답했고, 언제 어디서든 원하는 이야기를 읽을 수 있는 독서가 훨씬 좋았다. 하지만 은퇴 전에 아내에게 잘해야 훗날 구박 받지 않는다는 선배들의 조언을 참고하여, 하루 중 아내와 함께하는 시간을 만들고자 드라마를 보기 시작했다. 기술의 발달로, 과거와 달리 내 시간에 맞추어 원하는 드라마를 볼 수 있는 매력은 언제든 좋아하는 책을 꺼내 읽는 독서의 재미나 편리함 못지않았다. 연구를 업으로 삼았기에 젊은 날 나는 분석, 분류, 추론 등의 사고 훈련을 할 수밖에 없어 매사 분석적이었다. 직업이 곧 내가 되는 삶은 얼마나 불행한가. 분석적 사고는 결국 따져 묻기를 좋아하는 성향을 의미하며 그 모든 과정이 문제 해결에 집중되어 있다. 그래서 곧잘 아내와 마음결이 어긋나 사랑한다면서 아내를 속상하게 했다. 드라마 속 인물들의 갈등을 두고 아내와 두런두런 대화하며, 서사의 개연성과 핍진성을 따지던 내 분석적 사고는 드라마 속 인물과 아내의 마음에 공감하며 조금씩 누그러졌다. 그리고 깨닫는다. 공감은 타인의 감정을 공유하고, 그 감정에 관해 생각하고, 무엇보다 그 감정을 배려하는 것임을.

이제 퇴근하면 아내와 함께 어떤 드라마를 볼지 설렌다. 과거의 상처로 마음의 문을 열지 않는 여자 주인공에게, 상대 남자가 어떻게 인내하며 조금씩 다가갈지, 그 갈등 극복 과정을 두고 아내와 대화를 나눈다. 누군가를 향한 마음은 결국 제 무게를 이기지 못하여 기운다는 사실을, 드라마를 보며 깨닫는다. 그 깨달음으로 경제학의 비용과 편익 개념으로 인간관계를 분석하려 했던 내가 부끄러웠다. 공감으로 인간은 진화 과정에서 급진적인 도약을 이루었다. 날개도 날카로운 이빨과 발톱도, 강력한 근육도 없는 사피엔스가 지구를 주도하는 힘이 공감 능력에 있음을, 흩어지면 보잘것없는 우리가 함께 뭉치면 놀라운 존재가 되어 매머드를 사냥하고, 바다 위로 길을 낸다. 인간은 단지 과학기술의 발달로 발전하지 않았다. 애초 우리에게 공감 능력이 없었다면 불가능한 일이었다.

몇 년 전 어머니는 초기 치매라고 불리는 경도인지장애 판정을 받았다. 독서와 일기 쓰기가 도움이 된다는 의료진의 조언을 접하고, 어머니는 초등교사 아들을 둔 이웃의 도움으로 초등학생용 책부터 읽기 시작했다. 권정생의 『몽실언니』부터 시작한 어머니의 독서는 이제 박경리의 『김약국의 딸들』에 이르렀다. 초등 수준의 문해력에 머물던 어머니의 독서는 놀랄 만큼 발전했다. 드라마가 재미

없는 사람은 공감 능력이 부족한 경우가 많다고 한다. 소설도 마찬가지다. 인류의 지난 시간을 햇빛에 비추면 역사가 되고 달빛에 비추면 신화가 되며, 수많은 별빛에 비추면 문학이 된다. 문학은 인간을 이해하기 위한 학문이며, 공감 없이는 극중 인물이든 작중 인물이든 이해하기 어렵다. 독서능력발달단계를 훌쩍 뛰어넘는 어머니의 독서력은 공감 능력 덕분이었다.

  어머니는 당신이 읽은 책의 제목을 공책에 꼬박꼬박 일지처럼 기록하였고, 이제는 그 목록이 상당하다. 그 연세에도 어머니의 공감 능력은 인지장애의 어려움 속에서 꿋꿋했다. 책만 읽던 나는 드라마를 보고, 드라마만 보던 어머니는 요즘 책을 읽는다. 문학과 연극 같은 서사예술이 인간의 공감 능력을 키운다. 우리가 서로에게 더 친절한 세상을 꿈꾼다면, 자밀 자키 교수의 말에 귀기울여야 하겠다. "우리는 연습을 통해 얼마든지 공감을 키울 수 있고, 그 결과 더 친절해질 수 있다." 가장 가까운 아내에게, 가족에게, 나아가 매일 만나는 이들에게 더 친절하고자, 나는 드라마를 본다.

착한 사람들의 사회

 부모들은 자식이 어떤 사람이 되길 원할까. 현재 우리 부모들의 염원으로 성장한 자식들은 훗날 어른이 되어 좋은 사회를 만들 수 있을까. 2016년 칸영화제 주목할 만한 시선 감독상 수상작인 맷 로스 감독의 〈캡틴 판타스틱〉에서 아버지 벤은 아내와 함께 세상과 격리된 숲속에서 이상적인 가족공동체를 꾸린다. 벤과 아내는 플라톤의 『국가론』에 나오는 철인(哲人)으로 아이들을 기르고 싶었기에 여섯 자녀를 학교에 보내지 않고 직접 가르친다. 독서와 자유토론으로 문학과 철학, 과학, 예술을 가르치고 사냥, 호신술, 암벽 등반 등 신체 단련을 병행하는 전인 교육을 통해 자식들을 철인으로 기르고자 했다.

 늦은 밤, 모닥불 가에 둘러앉아 책을 읽다 아버지의 주도로 자유롭게 토론하고, 아버지가 기타를 들고 모닥불 앞에 앉으면, 아이들이 각자 기타, 하모니카, 탬버린, 북 등을 하나씩 가져와 합주를 펼치는 장면은 반짝이는 별과 숲의 어둠, 따듯한 모닥불과 어울려 이상적 공동체의 낭만성을 극대화하는 미장센이다.

이렇게 바깥세상과 단절된 채로 유지될 수 있을 것 같았던 이상적인 공동체는 벤의 아내이자 여섯 아이의 어머니인 레슬리의 자살로 위기를 맞는다. 조울증에 시달리던 레슬리는 병원에서 스스로 목숨을 끊었고, 외할아버지의 반대에도 일곱 식구는 엄마의 장례를 치르고자 긴 여행에 나선다. 그 과정에서 아이들은 마땅히 따라야 했던 아버지의 권위를 의심하고 반기를 든다. 벤은 늘 자녀들과 자유롭게 토론하며 의견을 존중했지만, 그것은 어디까지나 자신의 신념 틀 안에서였다. 벤처럼 회의하지 않고 달려가는 자의 맹목이 신념으로 미화되는 순간, 흔들리지 않는 신념은 아집으로 변질한다.

아리스토텔레스의 『정치학』이 좋은 공동체란 어떻게 가능한가를 다룬 책이라면 그의 『니코마코스 윤리학』은 이러한 공동체를 위해 개인이 어떻게 해야 할 것인지를 다루었다. 좋은 공동체를 위한 좋은 개인은 어떤 사람인가. 영화에서 아버지 벤이 좋아하는 언어학자이자 진보적 지식인 놈 촘스키의 주장대로 지배계급의 이데올로기에 저항하는 비판적인 인간인가. 플라톤이 주장한 철인인가.

플라톤이 주장한 철인정치의 바탕은 교육이며, 철인을 만들기 위한 교육은 여섯 살부터 시작해 쉰 살까지 계속된다. 자연 속에서 생존능력을 배우고, 새벽교육으로 6개 국어를 익히며, 문학과 철학, 수학과 물리 등을 단순한 지식이 아닌 토론을 통해 자신의 의견을 분명히 밝히는 교육을 받고, "민중에게 권력을! 권위에 저항하라!"는 구호를 가훈처럼 외치는 아이들은 부모의 바람대로 현대판 철인에 근접해가는 듯하다.

문제는 이 아이들이 고립되어 있다는 점이다. 플라톤의 철인이든 촘스키의 비판적인 인간이든 무균실에 격리하여 인위적으로 배양할 수는 없다. 책을 통한 앎이 세상과 교유하는 삶과 만날 때, 그리하여 공동체 속에서 앎과 삶이 끊임없이 충돌하고 시행착오를 거칠 때, 아이들은 성장한다. 아리스토텔레스는 『니코마코스 윤리학』에서 궁극적으로 선은 자족적인 것이라 하였다. 그가 말하고자 한 '자족'은 고립된 삶을 사는 개인에게 충분하다는 뜻이 아니라, 가족을 넘어 그의 친구들이나 동료 시민들에게도 충분하다는 것을 뜻한다.

선은 자체가 행동의 목적이기에 자족적이다. 착한 사람은 선한 행동으로 쾌락을 목적하지 않고 그 자체로 자족하되, 그렇다고 고립되지 않는다. 자족이 고립과 혼동되는 순간, 자폐의 길을 간다. 지금 우리 사회가 혼란한 것은 선을 자폐적인 것으로 오해하는 자들이 공동체를 이끌기 때문이다. 자신들만의 무리를 만들고, 그 무리 안에서 자신들이

선하다고 믿는 자들, 끊임없는 거짓말로 부정을 엄폐하고, 그들만의 쾌락과 욕망을 추구했던 자들, 그들의 자폐성이 공동체를 흔든다. 자족과 자폐는 다르다. 아리스토텔레스는 선은 이웃과 함께해야 한다고 하였다. 자폐를 자임한 자의 선은 독선이 되고, 독선은 선이 아니라 악의 다른 이름일 뿐이다.

촛불 시위를 선명히 기억한다. 그때 나는 나라 밖에 있었고, 세계가 우리의 촛불 시위를 보며 경탄했음을 안다. 광장을 메우며 물결치는 촛불 속에서 나는 평범하고 착한 사람들의 사회를 꿈꾸었다. 아리스토텔레스의 윤리적 탁월성인 덕은 메소테스, 즉 중용에서 나온다. 두려움이 지나치면 겁쟁이가 되고 너무 겁내지 않으면 무모함이 된다. 무모한 자의 만용은 폭력이 되고 겁쟁이의 나약은 방관이 된다. 용기는 무모함과 나약함 사이에 존재하는 윤리적 덕목이며, 두려워하되 방관하지 않는 자의 중용이다. 용기 없는 윤리란 존재하지 않으며, 용기 있는 자가 바로 착한 사람이다.

아리스토텔레스는 메소테스가 절대적 도덕률에 기대지 않고, 개별적인 상황에서 최선의 선택을 판단하는 실천적인 덕으로, 이를 통해 인간의 품성이 나타난다고 하였다. 영화 〈캡틴 판타스틱〉의 끝에서 자신의 오류를 반성한 벤은 숲속에서 자족의 가족공동체를 유지하면서 아이들을 세상에 내보내는 메소테스를 실천한다. 아이들은 숲속에 고립되어 책과 토론으로만 배우지 않고 광장과 시장으로 나아가 저항하고 실천하는 법을 익힐 것이다.

촛불의 물결이 온 나라에 출렁였던 그때, 추운 날씨에도 집회에 자녀들과 함께 온 부모들이 많았고, 당시에 이를 두고 부정적인 시각이 없지 않았다. 하지만, 배움은 학교나 책 속에만 있지 않다. 좋은 공동체를 원한다면, 좋은 개인이 되어야 하며, 좋은 개인은 무모함으로 폭력을 일삼지 않고, 나약함으로 방관하지 않는 사람이다. 용기 있는 자가 곧 착한 사람이라는 아리스토텔레스의 생각을 지지하며, 나는 이 부모들과 자녀들이 '착한 사람들의 사회'를 만들 수 있을 거라 믿는다.

○ 우리 시대에 통과의례가 필요한 이유

 다산 정약용은 병신년 2월 15일 관례를 올리고 숙부 정재진과 한양으로 떠나 한 살 연상인 홍혜완과 혼례를 치르는데, 그때 다산의 나이 15세였다. 다산은 관례와 혼례라는 통과의례를 거치며 어른이 되었고, 낯선 서울에서 그의 삶에 중요한 변화를 겪는다. 이 시기에 다산은 「회현방에서 홍운백과 함께 술을 마시며」, 「여름에 읍청루에서 제공을 모시고 술을 마시며」 등의 시를 읊으며 선배들과 어울려 새벽까지 통음하였다.

 그해 8월 15일 장인 홍절도가 누명을 쓰고 평안북도 운산으로 귀양을 가게 되었다. 그때 다산은 추운 북방으로 귀양 가는 장인에 대한 걱정과 장인을 귀양 보낸 부당한 권세가 오래가지 못할 것이란 정세 분석까지 시에 담는다. 다산의 예상대로 이듬해 11월 장인이 해배되어 돌아오니, 15세의 다산은 누가 보아도 아이가 아닌 성숙한 어른이었다.

 당시 다산의 나이는 요즘 '중2병'이라 불리는 청소년기이다. 물론 다산이 시대는 청소년이라는 개념이 없었다. 청소년은 근대적 존재이며, 근대 사회에서 설정된 새로운 인간발달 단계이다. 여기서 근대는 서구 자본주의 사회의 성립에 따른 새로운 질서 형성과 국가 주도 학교 교육의 제도화를 의미한다. 중등교육의 보편화로 아이와 어른으로만 구분되던 인생 주기에 청소년이라는 중간 존재가 탄생한 것이다.

근대 초기, 공장 중심의 도시화가 이루어지며 아이들은 노동력으로 동원되어 가혹한 노동에 시달려야 했다. 초기 공장은 하는 일이 단순하여 기계를 조작하여 일을 익히는 데 며칠이면 충분했다. 당시 기업가들은 돈을 많이 받는 성인보다 임금을 적게 주고 부릴 수 있는 10대 아이들을 선호했다. 찰스 디킨스의 소설 『올리버 트위스트』도 이 무렵 10대 노동자의 이야기를 담고 있는데, 작가 자신이 12세 때부터 공장에서 비인간적이고 혹독한 노동에 시달렸고, 당시의 경험이 소설에 반영되었다.

결국 기업가들은 아동 노동 금지 법률을 준수하라는 시민 사회의 압박을 받았고, 노동현장에서 아이들은 해방될 수 있었다. 일터를 벗어난 아이들은 거리로 쏟아졌다. 기운 넘치는 이들의 일탈과 비행은 사회 문제가 되어 그 해법으로 학교 교육의 의무화가 제시되었다. 국가는 법에 근거하여 아이들을 학교로 몰아넣었으며, 학제에 따라 재학 연한 이 연장될수록 청소년이라는 존재가 구체화되어, 더는 다산과 같이 15세에 어른이 되는 것은 불가능해졌다.

미셸 푸코는 '감옥의 역사'라는 부제가 붙은 저서 『감시와 처벌』에서 학교가 감옥과 닮은 것이 놀라운 일이 아님을 밝힌 바 있다. 지금의 학교는 분명 긍정적 기능이 크다. 그럼에도 초기 학교가 그러했듯 여전히 학교는 '가둠'의 기능에 충실하며, 학교 밖에서는 모성의 보호 본능과 결탁한 사교육이 '가둠'의 기능을 연장하고 있다. 이제 대학마저 취업을 위한 학점과 스펙 관리로 이들을 가두면서 청소년도 어른도 아닌 어정쩡한 상태, 아이인 듯 아이 아닌, 아이 같은 어른이 거리에 가득하다.

『해님 달님』 혹은 『해와 달이 된 오누이』로 알려진 전래동화는 신화학과 문화인류학의 관점으로 보면 어른이 되기 위한 통과의례와 관련이 깊다. 호랑이에게 떡은 물론이고 팔과 다리 몸통까지 내어주고 머리만 남은 어머니는 오누이가 남겨진 집을 향해 데굴데굴 굴러간다. 자식을 보호하려 머리만 굴려 오두막으로 향하는 어머니의 보호 본능은 처절하다. 하지만 호랑이가 어머니의 뒤를 밟아 오두막을 찾았으니, 그 보호 본능이 오히려 오누이를 위험에 처하게 하였다는 사실을 어머니는 미처 깨닫지 못했다.

어머니는 처음 지궁 속에서 아이들을 보호했고, 아이들

이 자란 후에는 오두막에 가두어 보호하려 했다. 보호와 가둠은 경계가 늘 모호하다. 부모와 교사의 보호가 자식과 학생에게는 가둠이 되기 일쑤다. 어머니의 죽음으로 보호막이 사라지자 오누이는 결국 생사를 넘나드는 위험을 극복하며 자신들의 힘으로 호랑이를 따돌리고 해와 달이 된다. 『해와 달이 된 오누이』를 읽으면, 어머니가 자녀를 분리하는 것이 자신의 팔과 다리를 모두 자르는 것만큼 고통스럽다는 사실을 깨닫게 된다. 그럼에도 처음 몸의 탯줄을 잘라 자신의 아이를 분리했듯, 아이가 어른이 되려면 어머니는 마음의 탯줄을 잘라 아이를 품에서 내보내야 한다.

에릭 라티고 감독의 프랑스 영화 〈미라클 벨리에〉는 시골에서 농장을 운영하는 벨리에 가족 중 유일하게 말하고 들을 수 있는 10대 소녀 폴라의 성장담이다. 음악 선생님은 폴라의 천재성을 알아보고 파리에 있는 음악학교 오디션을 제안한다. 하지만 청각장애 가족의 유일한 입과 귀였던 폴라는 가족을 떠날 수 없는 상황이었다. 이 영화에서 가장 인상적인 대목은 사랑하는 가족을 위해 폴라가 수화와 함께 〈비상〉이란 노래를 부르는 장면이다. "사랑하는 부모님 저는 떠나요/ 사랑하지만 가야만 해요/ 오늘부터 두 분의 아이는 없어요/ 도망치는 게 아니에요/ 날개를 편 것뿐/ 부디 알아주세요/ 비상하는 거에요" 폴라는 부모라는 둥지에서 도망치는 것이 아니라, 날아오르는 것이다. 폴라가 부른 노래에서 "오늘부터 두 분의 아이는 없어요"라는 가사에 주목한다면, 부모의 품에서 날아오르지 못하는 모든 자녀는 나이 들어도 '아이'일 수밖에 없다.

자녀를 내놓지 않고 품으려는 어머니의 보호 본능이 고래 심줄처럼 강하다면 어머니의 품에서 안주하려는 자식의 본능도 늑대 심줄 정도는 될 것이다. 특히 우리 사회가 이러한 경향이 심한 듯하다. 그래서 양육이 끝난 다 큰 자녀를 나이 든 부모가 부양하는 세태가 벌어진다. 우리 시대에도 통과의례가 필요하다. 통과의례는 분리와 전이, 결합의 과정으로 설명된다. 아이들은 일상으로부터 분리된 공간에서 낯선 경험을 하고 다시 현실로 돌아오는 과정을 통해 어른이 된다. 그런데 우리 사회는 그 시기에 아이들을 학교와 학원과 부모의 울타리에 가두고 있다. 가두면 교화는 할 수 있어도 성장할 수는 없다. 그렇게 어른이 되는 것은 세속화를 의미할 뿐 진정한 성장과는 거리가 멀다.

통과의례가 사라진 사회에서는 아이 같은 어른과 어른 같은 아이가 뒤섞여 살아간다. 나이가 들어도 적절한 역할을 주지 않은 채 보호 대상이 되며, 자기를 탐색하는 삶의 여정은 공동체의 조력 없이 개인 과제로 남겨져, 이들은 혼돈 속에 살아가다 원시시대의 어른들은 어른이 될 아이를 깊은 동굴로 이끌거나 넓은 들판으로 내보냈다. 그리고 통과제의를 마친 후 자신들의 세계에 합류시켰다. 문제는 지금 우리 아이들이 학교를 너무 오래 다니고, 부모 품에 너무 오래 머문다는 사실이다. 오늘날 우리 공동체가 아이들에게 해줄 수 있는 통과의례가 무엇일지, 어른들이 함께 고민해 보았으면 한다.

○ 　　　　　　　　　　　호기심은 젊다

연암 박지원이 중국으로 떠날 때 그의 나이 마흔넷, 당시로서는 초로의 나이였다. 1780년 음력 6월 24일, 연암은 청나라 건륭황제 만수절 축하사절단을 따라 압록강을 건넌다. 위태로운 연경행에 연암의 심신이 지쳐갈 즈음, 황제는 느닷없이 조선사신단을 열하로 부른다. 열하는 동북방 장성 밖의 요충지이자 황제의 휴양지였다. 연경에서 700여 리의 먼 길이라 열하행이 결정되자 연암은 머뭇거린다. 강행군에 몸은 지쳤고 마음은 청나라 수도인 연경에 머물고 싶었다. 그럼에도 연암은 목숨을 걸고 열하행을 결심한다. 이유는 열하, 라는 조선인 누구도 가보지 않은 낯선 길에 대한 호기심 때문이었다. 그 호기심이 인류 역사에 길이 남을 여행기 『열하일기』를 낳았다.

프랑스 소설가 마르셀 프루스트는 참된 발견은 새로운 땅을 발견하는 것이 아니라 새로운 눈으로 보는 것이라고 하였다. 연암이 아닌 누군가가 열하로 갔다 하여도 연암과 같은 눈으로 볼 수는 없었을 것이다. 호기심은 단순히 낯선 곳을 갈망하는 것이 아니리, 그곳을 새로운 눈으로 보는 것이다. 연암은 당대 집권세력 노론 명문가의 유망주였으나 시대의 통념과 전제를 거부했다. 그리하여 연암은 호기심으로 근대를 연 인간으로 평가받는다.

중세의 성직자 아우구스티누스가 "신은 꼬치꼬치 따져 묻는 자들을 위해 지옥을 마련했다"고 할 만큼 중세에는 호기심을 죄악시했다. 호기심은 불온하며 권력의 입장에서 불복종의 서막일 뿐이었다. 호기심은 의문을 낳기 마련이고, 의문은 기존 통치 질서를 흔든다. 호기심에 찬 아이가 부모의 통제를 벗어나듯 민중의 호기심은 권력자의 통제를 거부하고 경계를 벗어나기 마련이다.

중세에 배척받던 호기심은 르네상스기를 거쳐 자연과학이 발달한 근대에 이르러 다시 유익하고 가치 있는 것으로 평가받는다. 철학에 기초한 자연과학의 눈부신 발전은 인간의 호기심 없이는 불가능했다. 나무에서 떨어지는 사과를 향한 뉴턴의 호기심이 만유인력을 발견하게 했고, 푸른곰팡이에 대한 플레밍의 호기심이 페니실린을 만들었다. 가깝게는 애플사의 창업자 스티브 잡스, 유통기업 월마트의 창시자 샘 월튼, 디스커버리 채널의 오늘을 있게 한 존 헨드릭스 등이 세상을 바꾼 원동력도 호기심이었다. 제프 베조스가 "왜 온라인 쇼핑을 더 낫게 만들 수 없을까?"라는 의문을 품지 않았다면 인터넷 쇼핑몰 아마존은 없었을 것이다. 이들은 '어떻게'보다는 '왜'라는 호기심을 바탕으로 더 나은 세상을 만들고자 노력했다. 이처럼 세상의 모든 위대한 발견은 '호기심'에서 비롯된다.

인터넷의 발달은 겉으로는 호기심을 충족하기에 적합한 환경이다. 특히 스마트폰은 공간적 제약마저 없앴다. 하지만 검색어와 답이 있을 뿐, 그 사이의 호기심은 사라졌다. 우리는 인터넷으로 검색하는 것을 지적 활동이라 착각한다. 인간은 알고 있는 것과 알고 싶어 하는 것 사이에 틈새가 있을 때 호기심을 느낀다. 주머니에서 스마트폰을 꺼내 검색하는 시대에는 그러한 틈이 없다. 알고 싶은 것이 곧 아는 것이 되는 시대, 가고 싶은 곳을 위성사진으로 볼 수 있는 시대, 우리는 더는 놀라울 것 없는 세상에서 스펙터클을 소비하며 살아간다. 그리고 익숙함에 길들며 호기심과 멀어진다.

익숙함과 결별하는 것은 누구나 어렵다. 인간은 진화 단계에서 사고의 불편함을 극복하고자 스테레오타입, 즉 고정관념을 만들고 이것에 의지해 살아간다. 돌아가신 할머니는 늘 말씀하셨다. 나이 드니 세상에 신기한 게 없다고. 그러니 곁에서 지켜본 할머니의 삶은 재미가 없었다. 아이들은 신기한 게 많아 끊임없이 질문해댄다. 그랬던 아이들도 자라서 어른이 되면 왜, 라는 질문을 하지 않는다. 묵묵히 주어진 틀에 맞추어 살아갈 뿐이다. 나이가 든다는 건, 결국 질문하는 법을 잊어가는 과정이며 어린 시절의 재미를 잃어가는 과정이다. 최근 연구를 보면, 궁금한 게 많은 노인이 평균적으로 오래 산다고 한다. 인생을 오래 살며 재미를 느끼고자 한다면, 끊임없는 호기심에 자신을 맡겨야 한다.

호기심은 인간의 본능이다. 이는 호기심 없이는 인간이 인간일 수 없음을 의미한다. 미국 일리노이에 사는 보노보 원숭이 '칸지'는 인간의 문화를 이해하며 스스로 불을 피울 수 있는 것으로 유명하다. 칸지는 스마트폰을 사용해 소풍 도시락을 주문하고 자신이 피운 모닥불에 마시멜로를 구워 먹을 때 나뭇가지를 사용한다. 두 살 아이의 지능을 갖고 상징기호로 이뤄진 키보드를 조작해 의사소통하지만, 칸지가 인간을 뛰어넘을 수 없는 이유는 신기한 것을 좋아하는 동물적 본능을 넘어 '왜?'라는 질문을 품은 호기심이 없기 때문이다.

인간의 역사는 금기와 그 금기를 깨려는 호기심의 역사라 해도 과언이 아니다. 왜, 라는 질문으로 호기심을 품고 스스로 깊이 생각하는 자, 그리고 생각에 그치지 않고, 이를 실천에 옮기는 자는 얼마나 무서운가. 호기심의 발단은 흔히 독서에서 출발한다. 그래서 권력을 지닌 자들이 일찍이 금서로 독서를 통제하고, 분서로 독서를 원천 차단하려 하지 않았던가. 쓸모없는 인문학이 금서와 분서에 맞서 참다운 앎을 추구하며 시대와 사회에 끊임없이 물음을 제기했기에 세상을 바꿀 수 있었다.

호기심이 가득한 자는 길이 있어 가는 것이 아니라 자신이 가는 곳을 길로 만든다. 느닷없는 호기심에 자신을 맡긴 자는 삶의 질주를 두려워하지 않으며 치열한 도전 끝에 자신의 인생과 세상을 바꾼다. 호기심이 없다면 우리는 과거에 살 뿐이다. 나이는 상관없다. 과거를 회고하는 자 늙은이고 호기심으로 미래를 설계하는 자가 젊은이다. 호기심은 언제나 젊다.

○　　　　　　　　　　　　　　책연(冊緣)

　책연, 국어사전에 등재되지 않은 이 말은 두 가지 의미를 담는다. 먼저 책과 그 책을 만난 독자의 인연을 이르며, 나아가 책을 매개로 독자 간의 인연을 뜻한다. 책연을 떠올리면 먼저 헬렌 한프의 책 『채링크로스 84번지』가 생각난다. 무명작가 헬렌과 마크스 서점의 관리인 프랭크가 주고받은 실제 편지는 훗날 책으로 발간되어 고전이 되었고, 드라마와 영화로 각색되기도 하였으며, 〈유브 갓 메일〉, 〈노팅힐〉 등의 영화에 영감을 제공했다. 콘도 요시후미 감독의 애니메이션 〈귀를 기울이면〉에서 소녀와 소년의 사랑이 싹트는 계기도 책연이며, 메리 앤 셰퍼의 장편소설 『건지 감자껍질파이 북클럽』에서 건지섬에 사는 농부 '도시'와 런던에 사는 작가 '줄리엣'을 맺어준 것도 책연이다. 1998년 시애틀에서 '만약 시애틀 시민이 책 한 권을 같이 읽는다면'으로 시작한 움직임은 한 권의 책으로 시민 전체가 책연을 맺자는 발상이다. 훗날, 이 생각이 세계에서 가장 성공적인 독서운동으로 평가받는 '한 책, 한 도시'를 이끌었다.

1980년대, 나는 입대를 앞두고 한 여인을 만났다. 요즘 말로 소개팅 자리였고, 처음에는 서로 상대의 반응이 탐탁지 않았다. 당시 청춘들 사이에 음악다방이 유행이었는데, 나는 다방에서 노래를 따라 부르는 여자를 좋아하지 않았고, 상대는 알 두꺼운 안경을 낀 야윈 남자를 좋아하지 않았다. 그 자리는 애써 자리를 주선해준 친구의 선의와 달리 파국으로 치닫는 중이었다. 반전은 상대 여인이 이별의 예의를 다하고자, 자신이 최근에 읽은 책 이야기를 꺼내며 시작되었다. 나도 그 책을 좋아했기에 나름의 독서 감상을 주섬주섬 꺼내기 시작했다. 훗날 아내가 된 그 여인은 내가 눈빛을 반짝이며 책 이야기를 할 때, 적당히 시간 메우고 일어서려던 그 자리에서 한 남자를 사랑하기 시작했노라 고백했다. 내가 사랑하는 책을 사랑하는 당신이 바로 책연인 것이다.

책은 인류 가장 오랜 미디어다. 매체(media)는 사람의 생각이나 사물을 전달하는 수단을 말하며, 기술의 발달로 인쇄 매체인 책, 신문, 잡지의 영향력이 이전만 못하지만, 책만큼 오랫동안 소통 수단으로 활용된 매체는 없었다. 알베르토 망구엘은 『독서의 역사』에서 서기 400년경 두루마리 형태의 책들이 코덱스로 바뀌면서 책은 매체의 중심에 섰고, 구텐베르크의 발명품 이후 지금과 같은 코덱스 책은 제작 속도, 텍스트의 통일성, 값이 싸다는 이점 등으로 인류의 주요 매체로 자리하게 되었다고 밝힌다. 오늘날 매체로서의 책의 가치는 예전 같지 않으나, 책만큼 곡진하게 사람과 사람을 매개하는 미디어는 앞으로도 발명되기 어려울 것이다.

매체로서의 책에 관심을 두는 이라면, 메리 앤 셰퍼의 서간체 소설 『건지 감자껍질파이 북클럽』과 책연이 닿았으면 한다. 건지(Guernsey)는 영국 최남단 채널제도에 있는 섬 이름이다. 제2차 세계대전 당시 영국 영토인 채널제도는 5년 동안 독일 강점하에 혹독한 시련을 겪어야 했다. 채널제도를 대표하는 섬이 건지(Guernsey)이고, 이 섬은 프랑스와 가까운 영국령이었기에 1851년 프랑스에서 추방당한 빅토르 위고가 『레미제라블』을 썼던 망명지이기도 하다.

소설은 제2차 세계대전 종전 직후를 배경으로 한다. 런던에 사는 작가 줄리엣은 건지섬에 사는 농부 도시 애덤스가 보낸 편지를 받는다. 도시는 헌책으로 구한 수필가 찰스 램의 책이 원래 줄리엣의 소유였음을 알고, 그녀에게 찰스 램의 다른 책도 구할 수 있는지 정중하게 물었다. 도시는 편지에서 독일군 점령하에서도 자신이 찰스 램 덕분에 웃을 수 있었고, 위로받았다고 말한다.

이 책의 제목이기도 한, 독서 모임 이름의 유래가 재미있다. 건지섬을 점령한 독일군은 섬에서 기르는 가축들을 군대 식량으로 몰수했고, 사람들은 감자를 먹으며 연명해야 했다. 어느 날, 몰래 숨겨놓은 돼지로 이웃이 모여 바비큐 파티를 열었는데, 밀주를 마시며 늦게까지 놀다 통금에 걸렸다. 독일군에게 발각된 그들은 당황했고, 총구를 마주하고 수용소로 끌려갈 절체절명의 순간, 엘리자베스가 기지를 발휘하여 북클럽에서 토론을 하다 늦었다고 독일군 장교에게 둘러댄다. 그렇게 엉겁결에 둘러댄 독서 모임 이름이 '건지 감자껍질파이 북클럽'이었고, 이들은 독일군의 감시하에 계획에 없던 독서 모임을 꾸려간다.

  건지섬에는 서점이 없고, 이들은 애초 독서와 거리가 멀었다. 훗날 북클럽 회원인 존 부커가 줄리엣에게 보낸 편지에서, 그가 오직 한 권의 책 『세네카의 편지』를 되풀이해서 읽고 있으며, 세네카와 독서 모임이 술로 지새던 비참한 삶으로부터 자신을 지켜주었다고 말한다. 그 모임의 힘으로 독일군 점령기를 버틸 수 있었고, 세네카의 글이 나중에 닥쳤던 어려운 시기를 넘기는 데 도움이 되었다고 고백한다.

  소설은 찰스 램의 책을 매개로 줄리엣과 도시의 사랑이 이루어지며 끝을 맺는다. 책이라는 매체를 매개로, 건지섬 북클럽 회원들은 평소 대화도 거의 없던 이웃과 채연을 맺고 엄혹한 독일 나치 치하를 견뎌낸 것이다. 요즘 소셜 네트워크 덕분에 동네마다 독서 모임이 활발하다. 사는 게 팍팍할수록 우리에게 닥친 고난의 순간에 삶을 지탱하고, 삶의 의미와 가치를 일깨우는 힘이 책에 있음을 상기했으면 한다. 깊어가는 가을, 어떤 책과 연을 맺고, 그 책을 매개로 어떤 인연을 만날지, 곁에 잠든 아내를 보며 책연의 소중함을 떠올린다.

사람을 알아보는 세 가지 방법

사람의 얼굴에 털이 없는 이유는 보온보다 더 절실한 것이 소통이기 때문이다. 사람은 털 없는 얼굴 덕분에 표정으로 표현을 확장하며 자신의 인상을 만들고 타인과 소통했다. 그래서 고대부터 지금까지 인류는 타인을 판단하고자 얼굴 해석에 치중하였고, 인상을 보고 가장 빠른 시간에 적과 동지를 구분하는 방법을 익혔다. 이렇게 인상으로 사람을 알아보는 방법을 체계화한 것이 관상학이다. 관상은 인류 문명사를 통틀어 줄곧 번성했으며, 오늘날에도 심리학이나 뇌과학에서 초두 효과(primacy effect)라 하여 첫인상이 사람을 판단하는 데 중요하다는 사실을 강조하고 있다.

아리스토텔레스, 피타고라스, 히포크라테스가 모두 관상학자였다는 사실은 현대 심리학에서 인간을 '인지적 구두쇠(cognitive miser)'로 바라보는 관점과 밀접하다. 인지적 구두쇠란 인간은 본디 생각하는 데 인색하여 최소한의 노력만으로 판단한다는 뜻이다. 선거에서 후보의 인상만으로 평가하거나 신입사원이 능력을 출신 학교로 예상히는 것도 바로 이런 인지적 구두쇠 심리 때문이다. 고정관념, 선입관, 편견 등도 우리가 마주하는 대상이나 사람을 항상 숙고 끝에 논리적으로 판단할 수 없어 나타나는 인지적 구두쇠 현상이다. 주변의 모든 인물에 대해 깊이 생각하고 판단해야 한다면 우리 두뇌는 과도한 자극에 무너지고 말 것이다. 이때 사람을 판단하는 가장 쉽고 빠른 방법이 관상이기에 동서양을 막론하고 골상학, 인상학 등 명칭만 다를 뿐, 관상이 사회를 이루며 살아가는 인간의 오랜 습성이 된 것이다.

하지만 나와 생애를 함께할 배우자나 벗, 사회적 운명을 함께할 동료, 믿고 따라야 할 윗사람을 선택해야 할 때, 혹은 공동선을 추구하며 국가를 이끄는 대통령을 뽑아야 할 때 과잉 일반화의 위험을 안고 관상으로 사람을 선택할 수는 없다. 사람을 알아보는 일은 쉽지 않다. 흔히 겉모습에 나타난 인상에 현혹되지 않고, 그 사람의 속내인 심상(心相)으로 사람을 평가해야 한다고 말하지만, 열 길 물속보다 들여다보기 어려운 것이 사람 속이다.

공자는 『논어』 위정편에서 사람을 알아보는 세 가지 방법을 제시한다. 공자는 그가 행동하는 바를 살펴보고, 그가 그렇게 행동하는 연유를 관찰하고, 그렇게 행동하며 편안해하는지를 살펴 헤아리면 어떤 사람이든 자기 본모습을 숨길 수 없다(視其所以, 觀其所由, 察其所安, 人焉廋哉, 人焉廋哉)고 말한다.

공자가 조언하는 첫 번째 방법은 시기소이(視其所以)이다. 공자는 외모와 옷차림, 사회적 지위가 어우러진 인상과 그 사람의 말에 현혹되지 말고, 오직 그가 행동하는 바를 보라고 한다. 시기소이(視其所以)에서 시(視)는 그저 보는 것이 아니다. 한자에서 '보다'는 뜻은 견(見), 간(看), 시(視), 관(觀) 등으로 각각의 쓰임새가 다르다. 눈을 감지 않고 뜨면 그저 보이는 것이 견(見)이고, 영어로 'see'에 해당한다. 손을 얹고 멀찍이 보는 것은 간(看)이며 영어로 'look'이다. 우리가 살펴볼 때 시찰(視察)이란 말은 써도 견찰(見察)이나 간찰(看察)이란 말은 하지 않듯 시(視)는 그저 보는 것이 아니라 살펴보는 것이다. 상대의 지위와 인상과 말에 미혹되지 않고 사람의 본모습을 알아보려 한다면, 오로지 과거와 지금의 행동을 살펴보는 강철 같은 인내가 필요하며, 그것이 시기소이(視其所以)이다.

다음 단계로 공자는 관기소유(觀其所由), 즉 그렇게 행동하는 연유 혹은 동기를 보라고 말한다. 관기소유(觀其所由)의 관(觀)은 꿰뚫어 보는 것을 의미한다. 시찰(視察)이 두루 살펴보는 것이라면, 관찰(觀察)은 자세히 살펴보는 것이다. 보려는 자의 강철 같은 인내심에 대응하는, 보이려는 자이

철저한 자기 위장은 곧잘 우리 눈을 흐리게 한다. 그래서 공자는 왜 그렇게 행동하는지 동기를 꿰뚫어 보아야 한다고 조언한다. 윗사람에 대한 헌신의 동기가 존경이 아니라 승진이라면, 윗사람의 힘이 사라질 때 헌신도 사라진다. 벗과의 교유가 우정이 아니라 관계를 통한 이익 추구라면 이해관계가 없어질 때 멀어진다.

세상 어디에든 행동을 꾸미고, 그 행동의 동기마저 교묘하게 위장하는 능란한 처세가들이 있기 마련이다. 이들을 걸러내고자 공자는 최후의 관문을 마련해둔다. 찰기소안(察其所安), 그 사람이 그렇게 행동하며 편안해하는지를 살펴 헤아리라고 조언한다. 본모습을 숨기려 동기마저 꾸며 행동하는 자는 어느 지점 혹은 어느 순간 편안해하지 않는 모습을 보이기 마련이다. 이를 놓치지 말아야 한다. 몸에 맞지 않는 옷을 입은 자는 불편한 기색을 끝내 감출 수 없다. 사람의 본모습은 이렇게 아주 짧은 순간 드러난다.

배우자든 친구든 대통령이든 결국 사람을 알아보고 선택하는 일이 우리 인생을 좌우한다. 이미지와 말이 만들어낸 인상을 경계하여 오직 행동을 시(視)하고, 그 행동의 동기를 관(觀)하며, 그렇게 행동하며 편안해하는지를 찰(察)한다면 인언수재(人焉廋哉), 어찌 본래 모습을 숨길 수 있겠는가.

○　　　　　　　　　가족이라는 이름의 숙제

모든 부모는 자기 아이를 사랑한다.
모든 아이는 자기 부모를 사랑한다.
하지만 모든 가족이 행복하지는 않다.
- 토니 험프리스, 『가족의 심리학』

　남이 미우면 등 돌리면 그만이다. 그런데 가족은 그렇지 못하다. 미워도 밥때가 되면 마주 앉아야 하고, 독립해도 집안 대소사 때 마주칠 수밖에 없다. 가끔, 가족 구성원 간 아예 관계를 끊고 사는 집도 보았지만, 이들은 드러나지 않는 내면의 상처로 무척 힘들어하였다. 결국, 가족 문제는 우리가 평생 살면서 해결하고 넘어가야 할 숙제이다.
　가족은 우리가 태어나 처음으로 관계를 맺는 곳이다. 우리가 가족 안에서 어떤 관계를 맺고 어떤 감정을 경험하였는가는 평생 간직될 감정의 채널을 고정하게 만든다. 어린 시절 외로우면 평생 외롭다. 결혼해도 그 외로움은 좀처럼 해결되지 않는다. 그래서 우리는 전문가에게 상담을 받느다. 상담이란 '자기를 알게 하는 것'이라고 에리히 프롬은 정의했다. 상담을 받는 행위 자체가 정신적 치유를 해주는 것이 아니라, 상담 과정을 통해 자신을 앎으로써 불행의 반복에서 벗어나는 실마리를 얻게 된다. 그런데 이때 앎은 단순히 머리로 아는 것이 아니라 마음으로, 감정으로 아는 것이다. 자신을 알게 된다는 말은 곧 자기의 상처를 마음과 감정으로 직면하고 이해한다는 뜻이다.

우리는 가족으로부터 가장 많은 사랑을 받지만 동시에 가족으로부터 가장 많은 상처를 받는다. 오래전, 컴퓨터 상가에서 목격한 일이 기억난다. 엄마가 남매를 데리고 고장 난 컴퓨터를 고치러 나왔다. 아들이 졸라서 수리하러 온 것 같았는데, 오래된 컴퓨터라 고칠 수 없다는 판정을 받았다. 새 컴퓨터를 사줄 형편이 안 되었는지, 결국 무거운 컴퓨터를 들고 가족은 귀가하는 길이었다. 막내인 아들이 컴퓨터를 고치거나 새로 사 달라고 떼를 썼다. 누나가 곁에서 말렸지만, 어린 아들은 엄마를 따라가며 계속 졸랐다. 힘겹게 컴퓨터를 들고 가던 엄마는 결국 잔뜩 화가 나 컴퓨터를 바닥에 내려놓고 아들의 뺨을 세차게 때렸다. 아이가 울음을 그치지 않자, 엄마는 계속해서 아이의 뺨을 때렸다. 결국, 행인들의 눈총에 다시 컴퓨터를 들고 힘겹게 걷는 엄마 뒤를 남매는 조심스레 뒤따랐다. 그날, 가족의 남루한 행색보다 더 마음이 아팠던 건, 엄마의 폭력이 그날 한 번뿐이 아니었는지 남매가 별로 당황하지 않았다는 사실이다.

이 엄마는 아이를 사랑하지 않는 걸까. 그렇지 않다. 이 아이가 위험에 빠지면 목숨 걸고 구할 사람은 엄마뿐이다. 어쩌면 엄마는 그날 밤새 자책하며 잠 못 이루고 뒤척였을지도 모른다. 엄마도 어릴 때 폭력적인 부모 밑에서 자랐을지 모른다. 자신도 모르게 폭력성은 대물림된다. 위기에 처한 가족을 살펴보면 많은 경우 자신도 모르게 이전 세대의 불행한 모습을 반복하면서 지금의 가족 안에서 이전 세대의 한계성을 고스란히 드러낸다. 이 엄마가 상처받은 내면아이를 치유했다면 자식을 대하는 태도도 달라졌을 것이다. 세상에 상처 없이 성장한 어른은 없다. 상처받은 내면아이를 돌보지 못하고 어른이 되어 가정을 이루면, 그 내면아이가 자신의 아이에게 상처를 주기에 가족이 행복하기는 어렵다.

내면아이는 과거의 상처에 압도당했고 고통스러운 행동을 반복하게 하는 자아이다. 이 상처받은 내면아이가 불행의 반복성에서 벗어나도록 말을 걸어야 한다. 내면아이에게 말을 거는 것은 내 안에 어떤 감정과 욕구가 있는지 인식하면서 자신의 감정을 공감하기 위한 행동이다. 내면

아이와 대화를 나누는 효율적인 방법은 글쓰기이다. 머릿속으로만 생각하다 보면 내면아이와 현재의 나 사이의 분화가 잘 안 될 수가 있는데, 글로 정리해보면 두 주체의 차이점을 더 명징하게 드러낼 수 있다. 성인이 된 내가 묻고 과거의 상처받은 아이가 대답을 한다. 또는 내면아이가 내면에 결핍된 것을 요구하면 성인의 자아가 그에 대한 해답을 주기도 한다. 이런 과정을 통해 성인은 아이의 상처를 어루만져 주고 해결되지 못한 욕구와 감정을 있는 그대로 공감하게 된다. 이렇게 상처받은 자신을 수용하고 자신의 모습 그 자체를 긍정하는 것이 중요하다. 독서치료, 문학치료 등 책과 연계한 대부분의 치료에서 글쓰기를 중요시하는 것은 우연이 아니다. 글쓰기는 독서의 완성이며, 동시에 독서의 출발점이기도 하다. 독서와 글쓰기는 선순환을 이루며 자기를 이해하고 치유하는 힘을 지닌다.

치유는 상처를 깨끗하게 없애는 것이 아니다. 안타깝지만 지난날의 상처는 사라지지 않는다. 다만 지난날의 상처로 더는 현재의 내 감정을 다치게 하거나 왜곡하는 것을 막는 것이다. 자신의 결혼생활이 어릴 적 부모의 생활을 그대로 재현한다는 느낌을 받은 적이 있는지, 화가 나면 침묵하고, 불같이 성질을 내고, 비꼬는 말투로 응수하고, 욕설을 하고, 남과 비교하고, 협박 투로 말하는 등 부모가 했던 행동을 그대로 반복하고 있지는 않은지 되돌아봐야 한다. 어쩌면 자신이 겪은 상처를 자녀와 배우자에게 그대로 심어주고 있는 것은 아닌지 말이다.

인간은 학습 받은 대로 실천한다. 그래서 가족의 불행은 대물림된다. 아버지처럼 살고 싶지 않다고 외치지만 나이 들어 가정을 이루고 아버지처럼 사는 자신을 발견하는 당혹감. 아니, 당혹감을 느끼며 반성이라도 하면 괜찮은 편이다. 어느새, 그렇게 사는 게 당연하다고 여기며 아무런 문제도 제기하지 않는다. 자신의 일그러진 방식이 자신만의 상식이 되는 것이다.

가족의 위기는 과거나 지금이나 크게 달라지지 않았다. 가족이기에 무조건 사랑하고 희생해야 한다는 사고가 오히려 가족의 행복을 망치고 있다. 가족을 너무 당연한 존재로 여겨 이해하려는 노력을 조금도 하지 않는다는 것이다. 그래서 가족 간에 서로 사랑하고 사랑받기 위해서는 많은 노력이 선행되어야 함을 가족심리학을 다룬 여러 책은 공통으로 강조한다.

부모와 자녀 사이에 깨어진 소통을 회복하기 위한 첫걸음은 경청이다. 내 생각을 잘 전하는 것이 아니라 상대방의 이야기를 듣는 것이 소통의 출발이다. 흔히 아이들이 몇 마디 하려고 하면, "그래 말 안 해도 다 알아!"라고 단정 짓고,

아이의 입을 틀어막고 충고하거나 나무라기 일쑤다. 부모가 어떻게 아이의 마음을 다 알겠는가. 소통의 시작은 경청이다. 사실, 듣기만 잘해도 가족 간의 갈등은 상당 부분 치유될 수 있다. 말로는 사람을 속여도 몸은 못 속인다는 말이 있다. 특히 아이들은 연구 결과 비언어적인 메시지를 정확하게 읽어내는 능력이 어른보다 오히려 뛰어나다고 한다. 그래서 불안한 가족의 아이들은 부모의 눈치를 자주 보고, 자라서도 직장 상사나 배우자의 눈치를 보며 살게 된다. 건강한 듣기의 기초는 조건 없이 듣는 것이다. 우리는 마치 판사가 된 양, 자꾸 판단하고 조언하려 한다. 듣기는 소통의 길을 여는 첫걸음이다. 섣부른 판단이 멈춘 지점에서 공감과 포용이 시작된다.

완전한 인간이 없듯이 완전한 가족도 없다. 좋은 부모가 되기 위해서는 공부해야 하고 가족의 행복을 위해서는 가족 구성원이 함께 노력해야 한다는 사실을 잊지 말았으면 한다.

○   부모로 산다는 것

  봄날 연휴 기간, 심란함에 나들이 엄두를 내지 못하고 제니퍼 시니어의 『부모로 산다는 것』을 읽으며 깊은 상념에 잠겼다. 책 읽는 내내 고등학교 2학년인 아들이 떠올랐다. 어릴 때부터 개구쟁이였고 지금도 여전히 질풍 같은 사춘기를 보내는 아들. 아들을 키우며, 세상에서 가장 예쁜 아이는 잠든 아이라는 사실을 깨달았다. 우리가 세상을 편하게 사는 주요 이유는 부대끼며 살아가는 사람들의 행동을 어느 정도 예측할 수 있기 때문이다. 안타깝게도, 아이는 이런 예측 가능성과 거리가 멀다. 어디로 튈지 모르는 아이를 곁에서 돌보는 건 끔찍한 일이기에 그나마 아이가 잠든 사이 부모는 편안함을 느끼고, 잠든 아이를 보며 무한한 행복감에 젖어든다. 그런데 그 순간 부모는 아이에게 끔찍한 일이 일어나지 않을까 불길한 생각이 머릿속에 퍼뜩 떠오르는 경험을 한다. 나는 잠든 아들을 지켜보다 눈물을 흘린 적이 있다. 그것은 단지 자식을 바라보는 사랑스러운 느낌 때문만은 아니다. 오히려 아이의 존재보다 부재에 대한 두려움 때문이었다. 아이를 키우는 부모는 상실

을 피할 수 없다. 언젠가 아이들이 우리 곁을 떠날 것이란 슬픈 예감을 하면서도 아이의 홀로서기를 위해 부단히 노력하는 부모의 역할은 그래서 역설적이다.

산업화 이전에 아이들은 주요 노동력이었고, 산업화가 이루어진 다음에도 아이들은 공장에서 일하거나 부모의 일을 거들어야 했다. 서구에서도 제2차 세계대전이 끝난 다음에야 우리가 알고 있는 '어린이'의 개념이 나타났다. 그때부터 아이들은 일하지 않고 가족 경제를 지탱하는 부담을 오직 부모만 지게 되면서 아이는 부모에게 돈 먹는 하마가 되었다.

부모의 역할은 아이가 사춘기를 겪으며 위기를 맞는다. 쾌감을 느끼게 해주는 신경 전달 물질 도파민은 사춘기에 가장 왕성하게 분출된다. 따라서 사춘기에 느꼈던 감정의 격렬함을 그 이후에는 두 번 다시 맛볼 수 없다. 로미오와 줄리엣, 춘향과 몽룡의 사랑은 도파민의 과다 분출이 빚은 격렬한 사랑이었으니, 이런 10대를 집과 학교에 가두어두는 것은 고역이다. 특히 오늘날의 10대는 인류 역사에서 유례없이 또래와 어울리는 시간이 많아 부모의 손이 제대로 미치지 못한다. 소셜 미디어로 아이들은 연결되어 있고, 아이들이 스마트폰을 손에 잡는 순간 수많은 또래 친구들과 손을 잡고 있는 것과 같아 서로를 사회화하고, 나아가 또래가 또래를 양육한다. 그래서 부모들은 '애들이 무엇을 하며 사는지 정말 모르겠다'며 푸념한다. 예컨대, 아이가 주말에 친구와 약속이 있으니 간섭하지 말라 했지만, 정작 누구를 어디서 만나는지 심지어 몇 명이 만나는지 물어도 모른다고 답한다. 계획이 없는 것이 아니라 계획을 세울 필요가 없다. 요즘 아이들은 늘 또래와 연결되어 있기 때문이다. 이처럼 사춘기의 특성과 사회 환경의 변화로 부모 역할은 갈수록 힘들어지고 있다.

10대 아이들은 경험을 통해 세상을 배운다. 세상이 어둡다면 그 어둠도 경험해야 마땅하다. 그러지 않고서는 어른이 될 수 없다. 아이들에게 인생은 온갖 놀라움으로 가득 차 있다. 이런 놀라움이 트라우마로 남지 않고 그저 놀라운 기억으로만 남을 수 있도록 어른들은 헌신적으로 노력해야 한다. 무엇보다 아이들을 죽음으로부터 보호해야 한다. 살아만 있다면 트라우마조차 치유할 수 있다. 하버드 대학 의과대학의 조지 베일런트는 『행복의 완성』이란 책에서 '기쁨은 연결성'이라고 했다. 기쁨은 혼자서는 거의 경험할 수 없다. 그리고 가장 큰 기쁨을 주는 연결성은 부모와 자식 사이에 존재한다. 내 막내아우는 독일에 주재원으로 있으면서 주말이면 부모님께 꼭 전화를 한다. 아무리 힘든 날도 동생의 전화를 받을 때 어머니는 환하게 웃는다. 그렇게 연결되어야 할 자식이, 아직 곁에 두고 돌보아야 할 아이가 차가운 바다, 깊은 산속에서 영혼으로 떠돈다면, 불러도 답할 수 없다면, 부모의 심경이 어떨까.

내 두 아이가 고맙다. 이들이 있어 나는 괜찮은 어른이 될 수 있었다. 부모에게 아이는 초자아(superego)다. 어떤 선택을 할 때마다 늘 아이들이 아른거리고 내 자식에게 부끄럽지 않은 아버지가 되고 싶었다. 공자는 눈앞의 이익을 보고 의를 떠올리는 견리사의(見利思義)를 강조했지만, 나는 떳떳하지 못한 이익 앞에서 늘 내 아이들을 떠올린다.

아이들은 우리의 모든 일상을 방해하지만 동시에 그 모든 일상에 깊은 의미를 준다. 부모로 산다는 것, 그것은 작게는 내 아이의 부모로, 크게는 세상 모든 아이의 부모로 살아야 함을 깨닫는 과정이다. 부모는 무릇 아이들, 즉 다음 세대의 평가를 두려워하며 살아야 한다. 한 나라를 움직이든 한 척의 배를 움직이든 돌보아야 할 누군가가 있는 자들은 마땅히 부모로 살아야 한다. 그리하여 모두가 이 땅의 아이들을 돌보는 부모가 되는 것이 결국 우리 사회가 성숙해지는 길이 아닐까 한다.

가족음악회의 가치

 매년 3월이면, 나는 부산 사하구 하단동에 위치한 을숙도문화회관을 찾는다. 그곳에서는 지역의 한 음악학원에서 피아노, 하모니카, 기타, 합창 등을 배우는 이들이 모여 가족을 비롯한 주위 분들을 초청해 공연을 펼친다. 한껏 멋을 낸 드레스를 입고 긴장이 역력한 표정으로 연주하는 한 사람 한 사람의 공연을 감상하는 것은 큰 즐거움이다. 이들은 주로 30대부터 60대에 이르는 누군가의 아내, 누군가의 엄마들이다. 평소 일과 가사에 몰두하면서도 그들은 짬을 내 공연 연습을 해왔던 것이다.

 그 공연에 나도 참여한 적이 있다. 가족이 함께 공연하자는 아내의 간곡한 요청을 뿌리칠 수 없었고, 가정의 평화도 지키고 싶었다. 가족음악회라는 이름으로 아내는 하모니카를 불고 대학생인 딸은 피아노, 나는 기타를 맡아 협연하였다. 물론 메인 연주자는 아내다. 아무튼, 시작은 뜨악했으나 결과는 즐거웠다. 그때 공연 모습을 사진에 담아 거실 벽에 걸어두고 가끔 본다. 돌이켜 보면, 당일 공연보다 오히려 준비하는 과정이 즐거웠다. 나는 연습 기간 꼭 필요한 일이 아니면 정시에 퇴근하였고, 대학생인 딸은 친구도 만나지 않고 때맞춰 귀가하였다. 때론 서로 맡은 부분이 틀렸다며 잔소리를 늘어놓기도 했지만, 차츰 손발이 맞아가며 기타와 하모니카, 피아노가 빚어내는 절묘한 화음에 우리끼리 감탄한 적이 한두 번이 아니었다. 굳이 서로 사랑한다 말하지 않아도, 즐거운 가족이라 주위에 내세우지 않아도, 한 음 한 음 짚어가며 코드를 맞추고 눈빛을 교환할 때 우리는 자연스레 행복한 가족이 되었다.

올해도 어김없이 3월 초 주말에 문화회관에서 공연을 했다. 남편과 자식들은 꽃다발을 들고 아내 혹은 엄마의 공연을 축하해주었다. 공연장 조명 아래 빛날 화려한 드레스를 빌리고, 드레스에 어울리는 치장을 미장원에서 하느라 어쩌면 아내는 일주일 치 장 볼 비용을 지출했을지도 모른다. 아내가 굳은 손을 타박하며 연습하는 동안 올려놓은 국이 넘쳤을 수도 있고, 다음 날 남편이 출근하며 입어야 할 옷을 깜빡하고 세탁하지 않았을 수도 있다. 그런 사소한 실수는 얼마든지 괜찮다. 아내는 음악을 시작하며 생기가 돌았고, 공연 날짜가 잡히면 늘 긴장하고 흥분하여 사람이 반쯤 지상에서 떠 있었다. 그리고 우리 집은 피아노, 하모니카, 기타 소리가 끊이지 않는 즐거운 집이 되었다.

프랑스의 사회학자 앙리 르페브르는 『현대세계의 일상성』에서 "인간의 자질과 성질을 되찾기 위해서는 일상의 한가운데서, 그리고 일상성에서부터 출발하여 일상을 극복해야 한다."고 말한다. 반복되는 일상은 자신을 지켜주는 안온한 둥지지만 동시에 감옥이기도 하다. 사람은 밥만 먹고 살지 못하는 존재다. 고구마를 쪄 먹을지 구워 먹을지로 싸우고, 욕실 배수구에 머리카락 엉킨 거 누가 치우느냐로 싸우는 게 부부다. 부부는 지구의 식량난이나 동아시아 국경 분쟁 문제 따위로 싸우지 않는다. 알고 보면, 싸우니까 부부다. 그래도 음악이 함께하니 싸울 일이 줄었다. 피아노 앞에 앉았을 때 아내는 가장 경건하다. 그런데 몇 해를 연습하고 공연했는데도 아내는 아직 악보 없이 한 곡도 연주하지 못한다. 전문 연주가로 나설 계획은 없는 듯하여 천만다행이다.

　생각해보면, 문화생활이 별건가 싶다. 비싼 값을 지급하고 뮤지컬이나 오케스트라 공연을 보러 가지 못해도 3월이면 을숙도문화회관에서 공연이 펼쳐지고 관람은 무료다. 프로의 멋진 연주보다 때론 온 힘을 다한 초보의 연주가 더 감동적일 수 있다. 그 감동을 주체할 수 없다면 다음에는 자신이 나비넥타이를 매거나 반짝이 드레스를 입고 무대 위에 오르는 것, 그것도 멋진 문화생활이다. 평범한 자들을 위한 공연 기회가 더 많았으면 한다. 객석이 무대가 되고 무대가 곧 객석이 되는, 주체적인 문화생활을 할 수 있도록.

여자는 남자와 뇌가 다르다

내 어린 시절 기억에, 엄마는 노련한 형사였다. 그것도 자식의 눈만 보아도 무슨 죄를 지었는지 단박에 알아내는 독심술을 익힌 형사였다. 자라면서 내내 그런 엄마가 두려웠는데, 아뿔싸! 결혼하고 보니, 내 아내도 형사다. 노련한 형사의 육감도 여자의 타고난 육감을 따르기는 어렵다지 않은가. 우리가 흔히 말하는 육감(gut feeling)은 막연한 감정 상태라 오해하기 쉽지만, 사실 뇌의 특정 부위에 의미를 전달하는 실제적인 감각이다.

여자의 뇌는 사소한 힌트에도 타인의 생각이나 신념, 의도를 간파하는 천부적인 능력이 있다고 한다. 이런 천부적인 감각은 자신과 자식을 보호하기 위해, 석기시대 때부터 여자들에게 부여된 것이라는데, 아직 말을 하지 못하는 아기의 요구를 예측하고 대처해야 하는 여자들에게는 꼭 필요한 능력임이 분명하다.

누이 둘과 함께 자랐고, 지금은 아내와 딸과 한집에 살면서도 솔직히, 나는 여자를 잘 몰랐다. 루안 브리젠딘의 『여자의 뇌, 여자의 발견』이란 책을 읽으며 지금까지 신비

했던 여자의 세계를 조금은 엿보았다고 할까.

여자와 남자의 유전자 코드는 99퍼센트 이상이 같다. 하지만, 단 1퍼센트에 불과한 차이가 신경계의 세포 하나 하나에 영향을 미쳐 남자와 여자의 결정적 차이를 만든다. 이 차이에 대한 이해 없이 자녀를 양육하는 것은 또 다른 억압이다. 본성과 양육은 배타적인 관계가 아니라, 상호 존중의 관계이다. 딸아이에게 인형 대신 소방차 장난감을 안겨준다고 남자아이처럼 놀 수 있는 건 아니다.

차별에는 민감한 사람들이, 정작 차이에서 비롯된 배려에는 둔감할 때가 있다. 생물학적 결정론만큼 위험한 것이, 엄연히 존재하는 남녀의 다름을 무시하는 발상이다. 배려란 다름을 인정하면서 시작된다. 다름을 인정하려면 먼저 다름을 알고 이해해야 한다. 무엇이 다른지, 어떻게 다른지 이해하지 않고 인정하는 건 맹목이다.

루안 브리젠딘의 『여자의 뇌, 여자의 발견』은 여자가 일생을 거쳐 남자와는 다른 변화가 나타남을 수많은 임상 경험과 의학적 지식을 통해 설명해주고 있다. 왜 여자아이들은 남자아이들보다 말을 빨리 배우는지, 10대 여학생들이 화장실에 갈 때 친구들과 손잡고 가는 이유가 무엇인지, 어째서 여자들은 매번 남자의 사랑을 말로 확인하려 하며, 내 아내를 포함해서 여자들은 왜 출산 후에 건망증에 시달리는지, 이 책은 뇌과학 이론을 바탕으로 하여 친절히 설명하고 있다. 뇌과학과 관련한 과학 서적인데도 쉽고 흥미롭다. 나에게는 무엇보다 노모와, 중년이 된 아내, 딸을 여자로서 이해하는 데 큰 도움이 되었다.

저자 루안 브리젠딘은 하버드대학교에서 의학을, 캘리포니아대에서 신경생물학을 전공하고, 캘리포니아대학교 신경정신과 의사이자 신경정신분석학자로서 활동하고 있는 인물이다. 이 책은 저자가 여자들이 자신의 잠재 가능성을 찾아 더 나은 미래를 설계하는 데 도움을 주기 위해 썼다고 한다.

요즘, 10대에 접어든 딸이 전화통에 매달려 살거나 끊임없이 친구와 메시지를 주고받는다고 걱정하는 부모들을 자주 본다. 유아기 이후 억제되어 있던 뇌하수체가 활발하게 움직이기 시작하고, 에스트로겐이 왕성하게 분비되는 10대가 되면 여자아이들은 자신의 감정과 의사소통에 집중하기 시작한다. 틈만 나면 친구들과 전화로 수다를 떨거나 쇼핑을 즐기는 게 그들에겐 최고의 즐거움이다.

반면, 테스토스테론이 분비되는 시점에 이르면 남자아이들은 점점 말이 더 없어지고 게임 점수를 올리는 데에만 열을 올린다. 여자아이들은 혼자 하는 일들에 흥미를 잃기 시작하는 반면, 남자아이들은 혼자 컴퓨터 게임을 하면서 몇 시간이나 방 안에 틀어박혀 있곤 한다.

이건 누구 아이의 문제가 아니라 그 또래 아이들의 뇌가 그렇게 활동하고 있기 때문이다. 이 경우 부모의 처지에서 야단칠 때, 사춘기 자녀를 바라보는 눈빛은 두 종류다. "그래 이해해, 하지만 지금은 자제해야겠지." 이런 눈빛. 혹은, "뭐 저런 녀석이 다 있냐."는 식의 차갑고 엄혹한 눈빛. 그런데 후자의 눈빛은 무지와 몰이해의 결합이다. 이러한 부모의 태도가 사춘기 자녀를 주눅 들게 하고, 내면에서부터 반항하게 한다. 자신을 주눅 들게 하는 대상에 누가 마음을 열겠는가. 결국 우리는 아는 만큼만 이해한다.

진화심리학자의 연구 결과, 전 세계 대부분의 여자는 잠재적인 미래의 남편에 대한 외모에는 관심이 적은 반면, 물질적 자원과 사회적 지위에는 관심이 많은 것으로 나타났다. 그런데 통념과 달리, 여자가 경제적으로 부족함이 없어도 그 선택에는 차이가 없었다고 한다. 남자를 선택할 때 경제 능력과 사회적 지위를 우선하는 것은 지극히 본능적인 뇌의 작용이라는 것이다. 하지만 이 책을 읽으며, 이런 본능마저 눈멀게 하는 더 강한 본능이 있으니, 이것이 바로 사랑이란 마약이 아닐까 싶었다. 사랑을 하면 도파민과 옥시토신이 분비되는데, 이것이 사실은 마약의 일종이다. 함께 마약에 취하지 않은 부모의 처지에서는 황당하기 그지없는 선택이겠지만, 그 마약이 없다면 능력 없는 남자들 대부분이 노총각으로 늙어 죽었을 것이다. 능력 없이 책만 붙들고 있던 나를 선택해준 아내의 뇌도, 알고 보면 잠시 마약 같은 호르몬에 취해 있었던 상태였을 거다. 도파민과 옥시토신과 같은 호르몬은 엄마가 아기를 기를 때도 분비된다. 실제 엄마들의 뇌를 스캔해 보면 낭만적 사랑에 빠진 뇌와 아기를 품에 안은 엄마의 뇌는 매우 흡사하다고 한다. 즉 도파민과 옥시토신의 수치가 높아져 비판적이거나 부정적인 사고를 막아버리는 셈이다.

여자들은 출산 후 1년 동안 보통 7,000시간이나 되는 수면시간을 놓친다. 물론, 수면시간뿐만 아니라 '내 인생을 끝장나게 만든다.'라는 표현을 할 정도로 다양한 고통과 힘겨움이 따른다. 특히 우리 사회는 출산에 따른 사회적 환경과 지원이 열악하기에, 이처럼 마약 같은 호르몬의 분비가 없다면, 출산율이 바닥을 칠 게 분명하다.

가끔 퇴근해서 집에 들어가면, 아내가 낮에 힘들었던 일을 미주알고주알 이야기한다. 훌륭한 남편이 되고자, 나는 온 힘을 다해 아내를 힘들게 했던 상황과 사건을 분석하고, 합리적인 해결책을 제시하며 흡족해했다. 그런데 돌이켜 보니, 내 자신감 있는 태도에 아내는 늘 바람 빠진 미소로 화답해 나를 서운하게 했던 듯하다.『여자의 뇌, 여자의 발견』을 읽고, 밑줄 그어가며 공부한 후에, 그 이유를 깨달았다. 아내가 남편에게 원한 건, 분석과 해결책이 아니라 "오늘 당신 참 속상했겠다"며 건네는 공감의 언어와 따뜻한 위로였다. 여자와 남자는 뇌가 다르다. 아내가 곁에서 미간을 찡그리며 타박한다. 그걸 이제 알았냐고!

지역신문이 가야 할 길

 지역신문이 위기라고 할 때, 위기의 진원지는 '지역'과 '신문' 중 어디일까. 인쇄매체로서의 신문의 위기는 다른 매체와의 경쟁에서 우위를 점하기 어려운 환경에서 발생하기에 중앙지들은 이미 종합편성채널로 플랫폼을 다양화해 돌파구를 찾고 있다. 자본 경쟁에서 밀리는 지역신문은 신문의 위기와 지역의 불리함이라는 이중고에 직면했다. 또한, 지역 광고 시장이 취약해 지역신문의 경영에 부담을 주고 있다. 신문사의 재정 상태가 건전하지 않으면 지방자치에 대한 견제는 물론, 자본화된 권력과도 맞설 수 없다. 독자 감소는 광고수입 감소로 이어지고 이에 따른 경영 악화는 신문의 상품성 상실을 가져와 결국 독자가 줄어드는 악순환이 불가피하다. 지역신문이 다양한 플랫폼에 익숙한 젊은 세대를 새로운 구독자로 확보하기 위해서는 이 방면에 투자하지 않을 수 없다. 그러면서 종이신문이라는 전통적인 매체를 선호하는 독자의 열독률을 유지해야 한다.

 지역 구독자에게 매력적인 상품을 만드는 방법밖에는 위기를 돌파할 해결책이 없다. 중앙지와 경쟁하고자 탈지역화를 추구하는 것은 합리적이지 않다. 중앙지도 결국 수도권 독자층을 겨냥한다. 따라서 지역 및 생활밀착형 기사를 발굴하는 것이 해법이다. 보도 자료에 의존하기보다 지역사회에서 일어나는 다양한 행사를 발로 뛰어 찾아 나서야 하겠다.

세대에 따른 특화 전략도 필요하다. 예컨대, 지역 청소년의 참여를 유도하여 학생기자를 활용하는 방법이 있다. 이때 학생기자의 시각을 존중하되 전문기자의 도움을 받아 더 깊이 있고 정연한 글을 게재해야 한다. 일간지는 학급신문이 아니기 때문이다. 이런 지면은 지역 청소년을 위한 글쓰기 교육의 장이 될 수 있다. 미래 독자에 대한 장기적인 전략으로 청소년 지면에서 나아가 어린이, 청년 세대 지면을 특화하는 것도 좋겠다.

무엇보다 신문의 경쟁력은 오피니언 면이 관건이다. 주요 신문사들이 오피니언 면을 강화하기 시작한 때는 1990년대 중반부터이다. 인터넷, 방송 등과의 속보 경쟁에 뒤처질 수밖에 없는 매체 성격상 신문은 차별화 전략으로 오피니언 면의 강화가 필요했다. 또한, 2000년대 이후 증면 경쟁이 심화하면서 내·외부 필진을 활용한 신문의 오피니언 면은 다양성과 신뢰성 확보를 위한 전략 콘텐츠로 중요성을 더해 왔다. 하버마스가 '공론장의 가장 탁월한 제도'로

신문을 평가했듯이 신문은 전문가의 칼럼뿐만 아니라, 독자칼럼을 확대하고 독자위원회를 두는 등 시민에게 열려 있는 공간으로서의 소임을 강화해야 한다.

오피니언 면은 여론형성 기능이란 본연에 충실하면서, 독자들에게 유익한 읽을거리를 제공해야 한다. 좋은 칼럼은 새로운 정보를 제공하고 복잡한 사안을 명쾌하게 정리하여 견해를 밝히는 글이다. 이미 독자가 알고 있는 사실에 필자의 견해를 피력하는 수준이라면 굳이 칼럼을 읽을 필요가 없다. 특히 외부 필진의 칼럼은 해당 분야의 전문가적 시각이나, 사회 현안에 대한 깊은 통찰을 담아야 할 것이다.

칼럼은 무엇보다 읽을거리의 가치가 있어야 한다. 활자 매체를 대표하는 것은 책과 신문이다. 독서 인구가 급격히 줄어드는 환경에서 일간지의 지식인 칼럼은 서민이 쉽게 접할 수 있는 읽을거리가 된다. 정민 교수는 『오직 독서뿐』이란 저서에서 "많이 읽는 것이 중요하지 않고 새겨 읽는 것이 중요하다"고 강조했다. 외부 필진의 칼럼은 세상 돌아가는 맥을 짚되 현상이 아닌 본질을 꿰뚫어 각각의 글을 편철하면 책이 되고, 시간이 지나도 새겨 읽을 만한 글이어야 한다. 때론 온갖 기사로 떠들썩한 신문에서 자투리 텃밭 같은 休식을 주는 칼럼, 독자의 굳은 삶을 흔드는 깨달음의 향연이 있는 칼럼이 있어야 한다.

사회를 규제하는 힘은 관습과 법과 여론이며, 여론은 존재하는 것이 아니라 형성되는 것이란 점에서 오피니언 면은 신문의 꽃이다. 정보는 대부분 내 손안에 있는 스마트 시대에도 독자는 지금 사회의 의제가 무엇인지 궁금하고, 이 현상을 어떻게 바라보아야 할지 난감하다. 그래서 독자는 혼란스러운 문제를 전문가가 어떻게 바라보는지 궁금해한다. 칼럼은 쏟아지는 지식과 정보를 취사선택하여 정리하고 독자에게 판단의 방향을 제시한다. 다수의 독자는 전문가의 의견에 기초하여 자신의 눈을 밝히는 것이다. 또한, 매일 받아 보는 신문으로 독서를 대신하는 독자가 많다. 다양한 외부 인사의 칼럼은 소중한 읽을거리이다.

단순한 정보 전달 '뉴스'로는 이제 지역신문의 경쟁력을 확보할 수 없다. 지역에 밀착하고 지역민과 연계하며, 다양한 세대를 아우르는 노력과 함께 좋은 필자를 발굴하여 오피니언 면을 강화해야 하겠다. 단순히 보는 자와 깊이 읽는 자는 다르다. 신문을 읽는 시민이 정치지식과 시민의식을 높일 수 있으며, 이러한 의식 덕분에 선거에 자발적이고 주체적으로 참여하게 된다. 지역민을 만나 그들의 소리를 듣고 전하며 지역의 미래 세대를 포용하는 노력을 게을리하지 말아야 지역자치 기반의 민주주의는 흔들림 없이 유지될 수 있으며, 지역신문도 건강한 언론기업으로 성장할 것이다.

신문과 하이퍼로컬 저널리즘

아버지는 매번 조바심치며 신문을 기다렸다. 혹시 배달 사고 등으로 신문이 오지 않는 날이면 득달같이 신문보급소에 전화로 독촉하여 늦게라도 꼭 챙겨 보았다. 마룻바닥에 신문을 펼쳐놓고 차근차근 한 면씩 읽어가던 아버지의 모습은 어린 내 눈에는 엄숙과 경건 그 자체였다. 끝까지 읽은 후 주요 기사나 관심 가는 기사는 따로 표시해두었고, 곱게 접어 날짜별로 장롱 옆 공간에 차곡차곡 쌓아 보관하였다. 지금도 팔순을 훌쩍 넘긴 아버지는 돋보기를 끼고 신문을 읽는다. 주말에 찾아가면 보관해둔 신문뭉치를 꺼내 들고 아들이 보았으면 싶은 기사를 넌지시 읽어보라며 건넨다. 어머니에게는 재활용 쓰레기이지만, 아버지에게는 정보와 지식의 보고가 신문이라 함부로 버리지 못한다. 21세기 첫머리에 제러미 리프킨은 『소유의 종말』을 통해 접속의 시대가 왔다고 했지만, 아버지에게 신문은 여전히 소유의 대상이다.

묻고 싶다. 지금 이 글을 종이, 컴퓨터, 스마트기기 중 어떤 것으로 읽는지. 포털을 운영하는 인터넷 기업의 뉴스 서비스 방식이 뉴스 선택권에 영향을 주고 있는 것은 이제 신문이 소유의 대상이 아니라 접속의 대상이기 때문이다. 젊은 세대는 신문을 읽지 않고, 포털에 접속해 뉴스를 본다. 스마트기기의 보급으로 이제 중년층도 자투리 시간에 포털을 통해 신문을 본다.

제러미 리프킨은『소유의 종말』에서 접속의 시대에는 문화의 다양성 파괴로 독점과 획일화가 초래될 수 있다고 우려했다. 그렇게 우려했던 제러미 리프킨도 한국 사회에 등장한 거대 포털의 영향력은 짐작하지 못했을 것이다. 특히 대한민국처럼 중앙 집중이 심한 나라에서, 네이버나 다음 같은 포털이 중앙 집중의 현관 구실을 하는 것은 큰 문제이다. 지역의 일마저도 지역 언론에서 생산한 것이 아니라 서울지역 언론사의 기사를 서비스하는 실정이다. 앞으로 종이신문이 주는 아날로그의 매력보다 디지털 방식의 편리함을 선호하는 독자가 갈수록 늘어날 것이며, 이러한 흐름은 결국 지역 언론이 더욱 위축되는 결과를 초래할 것이다.

아버지는 평생 지역신문을 받아 보았다. 뉴스가 세상을 보는 창이라면 지역 뉴스는 우리가 지금 발 딛고 있는, 이곳을 비추는 탐조등이다. 아버지는 매일 지역신문을 읽으며 당신이 발 딛고 사는 지역을 비추어 보고 있었던 것은 아닐까. 언론은 공급자 입장에서 뉴스 가치를 판단하던 과거와 달리, 이제는 수용자들로부터 호응을 받을지, 반응이 어떨지를 두고 고민해야 할 때이다. 언론이 수요자의 관심에 맞추어 뉴스를 보도하는 것을 단순히 상업주의적 태도로 볼 수 없다는 것이 시민 저널리즘(civic journalism)의 시각이다. 오히려 언론의 이러한 태도가 시민과의 거리를 좁히고 공론장을 활성화하여 시민의 사회정치 참여를 이끄는 언론의 사회적 책무로 평가받을 수 있다.

이제 지역신문은 하이퍼로컬(hyperlocal) 저널리즘에 관심을 두었으면 한다. 저널리즘의 미래 흐름이라 불리는 하이퍼로컬 뉴스는 더욱 세분된 지역성을 강조하는 보도로 지역 밀착에 바탕을 두기에 구 단위나 읍 단위의 작은 지역이나 공동체의 세세한 정보를 다룬다. 이렇게 지역화한 뉴스는 주로 온라인상에서 전문기자와 단위 지역의 구성원이 협업관계를 통해 생산 유통될 수 있다는 점에서 새로운 형태의 하이퍼로컬리티를 형성한다. 지방선거에서 특정 정당의 후보를 맹목적으로 지지하거나 중앙 권력에 기대 지역 개발을 호언하는 정치꾼에 현혹되지 않으려면 누가 진정으로 지역을 위해 일할 사람인지 하이퍼로컬 뉴스를 통해 검증해야 하며, 이는 기자와 지역민의 소통과 협업이 있어야 가능하다.

지역 내 세세한 정보를 독자들에게 제공해 친숙도와 충성도를 높이는 하이퍼로컬 저널리즘은 신문의 위기와 지역 언론의 위기라는 이중고에 직면한 지역신문에 수익 사업이 될 수도 있다. 2010년 미국의 소셜 커머스 열풍을 감지한 워싱턴포스트는 지역의 다양한 서비스와 상품들을 등록하는 소셜 커머스 사이트를 구축하여, 업체들이 온라인으로 관련 상품을 등록하면 워싱턴포스트가 소식지를 발송하고 무료로 광고를 실어주기 시작했다. 이를 위해 별도 벤처기업을 설립하고 다양한 거래처들과 제휴하여 수익을 창출하고 있다. 지역신문이 하이퍼로컬 뉴스를 추구하는 과정에서 축적한 지역밀착의 정보와 네트워크라면 충분히 소셜 커머스를 통해 수익을 창출할 수 있으며, 더불어 지역민에게 필요한 소비 관련 정보도 제공할 수 있다.

집에 하나의 일간지를 구독하던 과거에는 지역지도 전국, 국제 뉴스를 비중 있게 보도해야 했다. 하지만 지금은 인터넷을 통해 주요 중앙 일간지에서 전문지까지 주요 기사를 쉽게 접할 수 있다. 따라서 지역신문에서만 읽을 수 있는 지역화된 전국, 국제 뉴스 보도가 필요하다. 여기서 지역화란 같은 사건이 지역민들에게 어떻게 영향을 주는지를 발견하는 것이며, 전국과 세계에서 일어난 일들이 우리 이웃과 어떻게 연관되어 있는지를 생각하는 것이다.

뉴스를 구매하고 소유하는 데 머물렀던 독자는 스마트 기기와 소셜 플랫폼으로 무장해 뉴스를 생산하고 유통하는 참여형 소비자가 되었다. 젊은 세대는 뉴스 콘텐츠를 수동적으로 수용하는 데 그치지 않고 적극적으로 자신의 견해를 펼치려 할 것이다. 단순한 참여가 아니라 프로슈머의 관점에서 젊은 세대를 중심으로 독자의 참여를 확대해야 할 것이다. 전문기자와 아마추어 독자가 함께 만들어내는 융합 콘텐츠도 다양한 플랫폼을 통해 생산할 수 있다. 이러한 협업 콘텐츠로 지역사회의 공연, 학교 행사, 축제 등을 다양하게 다루어 젊은 층이 흥미를 느끼도록 운영한다면, 그리하여 지역 구성원들의 삶의 현장을 오롯이 담아내는 신문이 된다면 지역신문의 미래가 어둡지만은 않을 것이다.

○　　　　　　확신은 모든 소통의 적이다

　'청소년을 위한 좋은 영화'로 한국 극영화 부문에 이호재 감독의 〈로봇, 소리〉, 외국 극영화 부문에 고레에다 히로카즈 감독의 〈바닷마을 다이어리〉가 선정되었다는 기사를 읽었다. 청소년과 온 가족이 볼 만한 좋은 영화로 관람을 추천한다는 뜻인데, 마침 두 편의 영화를 인상적으로 감상하고 주위에 추천해 왔기에 무척 반가웠다. 특히 〈로봇, 소리〉는 2003년 우리를 가슴 아프게 했던 대구 지하철 참사를 모티브로, 사고로 딸을 잃은 아빠와 세상의 모든 소리를 듣는 로봇이 만나 딸의 흔적을 함께 찾아가는 과정을 그린 영화로 가족의 소중함을 다시 생각하게 했다.

　영화 〈로봇, 소리〉에서 아버지는 딸을 어릴 때부터 끔찍이 사랑했고 딸도 아버지의 보호를 사랑이라 여기며 기꺼워한다. 하지만 사춘기를 지나면 딸에게 아빠는 보호자라는 이름으로 자신을 통제하고 간섭하는 불편한 존재가 된다. 가족은 해체를 전제로 한 공동체이기에 사춘기를 거쳐 성인이 되는 과정에서 자식은 떠날 준비를 해야 한다. 부모 역시 자식과 영원히 함께할 거란 믿음보다 어떻게 자식을 떠나보낼 것인가를 고민할 시기이다. 그렇지만 한국 부모는 쉽사리 자식을 놓아주지 못한다. 아버지는 집을 나와 가수가 되려는 딸이 불안해 직접 딸을 차에 태우고 집으로 돌아가는 길이었다. 하지만 딸은 아버지의 뜻을 받아들이지 않았고, 이에 화가 난 아버지는 딸에게 차에서 내리라며 소리친다. 아버지의 분노와 확신이 딸을 차 밖으로 떠밀었고, 딸은 그날 아버지의 차에서 내려 지하철을 탔다가 화재로 실종된다.

딸의 생각은 존중하지 않고, 오직 자기 확신으로 딸을 보호하려 했던 영화 속 아버지의 태도는 지극히 보수적이고 가부장적이다. 아버지는 '보호'라 썼고 딸은 '구속'이라 읽었다. 딸이 살아 있다고 믿고 10년 동안 찾아 헤맬 때조차 아버지는 여전히 자기 확신에 사로잡혀 누구의 말도 듣지 않는다. 적어도 우연히 우주에서 떨어진 로봇을 바닷가에서 발견하기 전에는 그랬다. 아버지는 세상의 모든 소리를 수집하고 기억해 그 위치를 찾아내는, 인공 지능 로봇에게 '소리'라는 이름을 지어주고, 로봇과 함께 딸을 찾아 나선다. 딸의 어떤 소리에도 귀 기울이지 않던 아버지는 이제 딸을 찾고자 세상의 소리들을 로봇을 통해 귀담아듣기 시작한다.

영화에서 인공지능 로봇인 '소리'가 스스로 성찰하고 부당한 명령에 복종하지 않는 실존적 고뇌를 하며, 끝내 인간의 명령을 거부하는 것은, 로봇 소리가 세상의 모든 소리를 경청하기 때문이다. 또한, 소리는 스스로 질문을 던지고 회의하는 태도를 보인다. 영화에서 가장 인상적인 대사는 "내 딸을 보호하고 싶었다"는 아버지의 말에 로봇 소리가 "보호는 고마운 것입니까?"라고 묻는 부분이다. 자식에게 부모의 보호가 꼭 고맙기만 한 것일까? 로봇 소리는 그저 소리를 듣는 데 그치지 않고, 끊임없이 질문하고 고뇌하며 회의한다. 누구도 제대로 경청하지 않고 상대에게 질문할 수 없으며, 질문 없이는 스스로 고뇌하고 성찰할 수 없다.

영화 끝에서 아버지는 화재 사고 현장의 어둠 속에 주저앉아 딸의 죽음을 확인하고 오열한다. 그 오열은 딸의 죽음 때문이 아니라, 자신의 보호가 결국 구속이었고, 자신이 딸과 진정으로 소통하지 못했음을 뼈아프게 깨달았기 때문이다. 아버지가 오열하는 장소인 지하의 깊은 어둠은 니체가 말한 확신의 감옥을 떠올리게 한다.

니체는 모든 종류의 확신은 사람들의 자유로운 사고를 막는 감옥과 같은 것이라 하였다. 세계는 끊임없이 변하기에 확신은 그 변화하는 세계와 자신을 격리하는 감옥일 수밖에 없다. 확신은 자기 안에 갇혀 다양하게 멀리 보지 못하는 상태이다. 물론 확신이 있어 우리는 확고한 삶의 방향과 의지를 통해 살아갈 힘을 얻게 된다. 그만큼 선명한 삶이 어디 있겠는가. 하지만 나이가 들어가며 확신은 아집이 되고, 자신이 옳다고 믿는 바가 독선이 되며, 생을 이끄는 힘은 열정보다 관성이 된다. 아버지는 가부장적인 가정과 권위적인 학교에서 국가, 조직, 이념, 질서를 존중하는 교육을 받고 자랐다. 하지만 개성과 인권, 사고의 다양성을 요구하는 세태 속에서 자식을 길러야 했다. 교과서는 민주주의를 설명했으나, 실제로는 권위주의적인 정치 상황에서 성장한 아버지 세대는 힘들었을 것이다. 영화〈로봇, 소리〉는 개발독재 시대, 오직 열심히 노력하여 집안을 일으키고 자신이 일군 가족을 지켜야 한다는 확신으로 기성세대가 되었지만 그 대가로 다양한 생각들을 자유롭게 비교하고 사고의 폭을 키우지 못한 아버지 세대의 아픔을 적시한다.

확신이 강한 사람일수록 타인의 생각을 고집이나 편견으로 치부한다는 연구 결과가 있다. 확신은 모든 소통의 적이다. 그래서 니체는 "확신이 거짓말보다 훨씬 더 위험한 진실의 적"이라고 하였다. 영화에서 로봇 소리는 "왜?"라고 스스로 묻는다. 자신에게 질문하지 않고 자신의 오류를 발견할 수 있는 사람은 없다. 그리고 자신의 오류를 인정하지 않고 타인과 소통할 수 있는 사람도 없다. 비단 부모와 자식 간의 관계뿐이겠는가. 진정한 소통을 원하는 윗사람이라면 하문(下問)하기 전에 자문(自問)부터 해야 한다. 칼 포퍼의 말처럼 우리가 옳다고 하는 만큼 우리는 언제나 틀릴 수 있으며, 언제 틀릴지는 누구도 알지 못한다.

팬데믹과 현대인의 일상성

 2020년 팬데믹으로 우리 일상은 무너졌다. 세계보건기구(WHO)는 위험도에 따라 감염병 경보단계를 6단계까지 나누는데, 팬데믹은 최고 경고 등급인 6단계다. 코로나19로 비롯된 팬데믹은 끝이 보이지 않을 만큼 두렵고 아득했다. WHO 설립 이래 팬데믹을 선언한 경우는 1968년 홍콩독감, 2009년 신종플루, 2020년 코로나19 등 세 차례뿐이다. 14세기 중세 유럽을 휩쓴 흑사병과 1918년 전 세계 5000만 명 이상의 사망자가 나온 스페인 독감은 소설이나 역사책에서 보았을 뿐이었다. 눈에 보이지 않는 호흡기 감염질환으로 우리 앞에 닥친 코로나19는 공포 그 자체였다.

 팬데믹은 모든 것을 바꾸어 놓았다. 그 변화로 사람들은 일상이 무너졌다며 호소했다. 재택근무가 늘어나고 학교 수업은 비대면으로 바뀌며, 모임과 행사는 취소되거나 온라인으로 대체되었다. 학생들과 눈을 맞추며 토론하기를 좋아하는 내 수업도 더는 학생들을 강의실에서 만날 수 없는 슬픈 풍경으로 바뀌었다. 팬데믹 때 나는 학과장을 맡았고, 급변하는 상황에 대처하느라 늘 신경이 곤두서 있었다. 방송과 언론은 감염 위험 환경을 연일 보도하며 주의를 당부했고, 가장 감염 위험이 높은 곳이 대중교통이라 보도했다.

내가 사는 곳은 부산 서구 서대신동 꽃마을 초입의 오래된 아파트이고, 일하는 곳은 사하구 하단에 있는 학교였다. 바이러스 감염을 우려하여 버스나 지하철로 출근하던 길을 낡은 자동차를 운전하며 출퇴근하기 시작했다. 평소 아내는 퇴근 무렵 가끔 내 직장으로 놀러와 함께 늦은 저녁을 먹고 귀가하곤 했다. 그런 아내의 소소한 행복이 팬데믹으로 깨졌다. 가족 중에 감염에 취약한 환자가 있어, 더는 버스 타는 게 무서워졌기 때문이었다. 아내는 고심 끝에 결심을 했다. 서구 꽃마을로에서 사하구 낙동대로까지 걸어서 남편 찾아 삼만리를 감행하기로 한 것이다. 지도 앱에서 길 찾기로 검색하니, 가장 빠른 길로도 걸어 2시간이 걸린다. 터널이 막고 있어, 그 위를 걸어서 넘어야 하는 상황이었다. 걸어올 수 있겠냐는 걱정 가득한 내 말에 아내는 결연한 표정으로 가겠다고 말했다. 아내가 결심하면, 누구도 못 막는다.

그날 아내는 진짜 걸어왔다. 대티터널 위를 넘어 괴정, 사하, 당리를 거쳐 학교에 도착한 아내는 평소보다 상기

되어 있었고, 할 말이 많았다. 차를 타면 보지 못했을 풍경, 사람들, 골목을 둘러보느라 좀 늦었다며 아내는 씩씩하게 말했다. 볼프강 쉬벨부쉬가 『철도 여행의 역사』에서 말했듯, 이동 수단은 시간과 공간을 변화시킨다. 낭만파 시인 하이네의 시구처럼 철도는 공간을 살해하고, 정해진 노선으로만 이동하는 버스는 숱한 공간을 소거하고, 정류하지 않는 곳의 사람들을 지운다. 느려야 보이는 것들이 있다. 그날 답답한 마스크를 끼고 쉽지 않았을 여정임에도, 아내는 여느 때보다 훨씬 활기차 보였다.

팬데믹이 길어지며, 평범한 일상이 그립다고 말하는 이들이 많았다. 그런데 그렇게 말하는 이들은 원래부터 일상을 소중히 여겼을지 궁금해졌다. 일상은 신기하다. 일상은 우리가 가장 지겨워하는 대상이면서, 동시에 잃을까 두려워하는 대상이기도 하다. 출퇴근의 어려움, 매일 반복되는 업무, 늘 대하는 얼굴들에 권태와 피로를 느끼면서도 실직이나 퇴직으로 이러한 일상이 무너질까 두려워한다. 그러면서 일상에서 벗어나려 주말이면 고속도로를 메우고, 여가 생활에 시간을 쏟지만, 피곤한 몸을 이끌고 돌아오면 다시 일상이다. 오늘도 우리 일상은 이렇게 권태와 불안 사이를 배회하며 지속된다.

현대인의 일상성을 고민한 철학자는 보드리야르의 스

승이자, 사르트르와 함께 동시대를 대표하는 프랑스 철학자 앙리 르페브르다. 그는 이제 고전이 된 『현대세계의 일상성』에서 일상성의 위대함은 완강한 지속성에 있다고 말한다. 일상에서 벗어나려 여행을 다녀와도, 반복되는 일상이 지루해 축제를 벌여도, 끝나면 다시 일상성으로 돌아온다. 심지어 비참한 일상을 뒤집고자 혁명을 해도, 혁명 이후 평범한 우리 일상은 완강하게 지속된다. 모험은 모험으로, 위기는 위기로 끝날 뿐, 일상만이 묵묵하게 진행되는 것이다.

팬데믹의 공포로 사람들이 외출마저 꺼려할 때였던 것으로 기억한다. 주말을 맞아 아내와 걸어서 외출하기로 마음먹었다. 집에서 출발해 서대신동 꽃마을을 거쳐, 중구 중앙동 민주공원을 돌아 보수동 쪽으로 책방 구경을 갔다. 그리고 아내와 다시 걸어 집으로 돌아왔다. 마주치는 사람들과 거리를 두면서도 아내와는 손 꼭 잡고 걸었다. 사회적 거리 두기는 가족의 거리 좁히기를 이끌었다. 장성한 자식들과 같이 밥 먹는 일이 잦아졌고, 아내는 신혼 초처럼 요리사가 되어, 아침이면 내 도시락을 준비했다. 재택근무, 재택수업이 늘고, 모임과 행사가 줄어들면서 각자 바쁘다 함께 한가해졌다.

인제 또 팬데믹이 닥칠지 아무도 모른다. 자명한 사실

은, 어떤 팬데믹도 결국 우리 일상을 앗아가지 못한다는 것이다. 단지 우리에게 새로운 일상을 줄 뿐이다. 일상은 본디, 그렇게 굳세다.